PAGES DE VÉRITÉ

L'OFFENSIVE DE 1917

ET

LE COMMANDEMENT

DU GÉNÉRAL NIVELLE

Avec une carte hors texte

10ᵉ mille

PARIS ET BRUXELLES

LIBRAIRIE NATIONALE D'ART ET D'HISTOIRE

G. VAN OEST ET Cⁱᵉ, ÉDITEURS

1919

L'OFFENSIVE DE 1917

ET LE COMMANDEMENT

DU GÉNÉRAL NIVELLE

MÂCON, PROTAT FRÈRES, IMPRIMEURS

Commandant de CIVRIEUX

PAGES DE VÉRITÉ

L'OFFENSIVE DE 1917

ET

LE COMMANDEMENT

DU GÉNÉRAL NIVELLE

Avec une carte hors texte

10ᵉ mille

PARIS ET BRUXELLES

LIBRAIRIE NATIONALE D'ART ET D'HISTOIRE

G. VAN OEST ET Cⁱᵉ, ÉDITEURS

1919

ABRÉVIATIONS

G. Q. G. Grand quartier général.
G. A.   Groupe d'armées.
G. A. N. Groupe d'armées du Nord (Franchet d'Espérey).
G. A. R. Groupe d'armées de réserve (5ᵉ, 6ᵉ, 10ᵉ armées,
         Micheler).
G. A. C. Groupe d'armées du Centre (Pétain).
C. A.   Corps d'armée.
D. I.   Division d'Infanterie.
D. C.   Division de Cavalerie.
D. A.   Direction de l'Arrière.

CHAPITRE PREMIER

LA GENÈSE DE L'OFFENSIVE

La conception de l'offensive anglo-française de 1917, doit être placée au mois de novembre 1916, alors que le général Joffre commandait en chef toutes les armées françaises.

A ce moment, l'année qui portait le troisième millésime de la guerre penchait vers sa fin. Elle avait été l'année des batailles de Verdun et de la Somme, des victoires russes en Galicie. Partout sur les grands fronts d'opérations, les armées des empires centraux avaient subi de cuisants échecs, essuyé parfois de réelles défaites. A la veille de l'automne, les Alliés avaient vu s'entr'ouvrir la porte des vastes espérances ; car, à ce moment précis, la Roumanie, longtemps hésitante, s'était enfin abandonnée à son destin : elle s'était jetée dans la lutte gigantesque.

Mais comment une petite armée, démunie du matériel nécessaire aux longues batailles modernes, pouvait-elle affronter un puissant adversaire, si son intervention n'avait pas été prévue partie intégrante d'un plan d'ensemble, exactement mûri, définitivement arrêté, en vue d'une immédiate exécution ? — Or, l'absence d'une direction commune, d'un chef unique dans la stratégie des Alliés, avait de nouveau entraîné la perte du plus faible, parmi les éléments engagés sur le théâtre européen. Après l'écrasement serbe de novembre 1915, le monde avait assisté en novembre 1916 à l'écrasement roumain.

Cependant, toujours maîtres de la Belgique et de plusieurs parmi les plus riches départements français, les Allemands, tout en laissant entrevoir les possibilités d'une paix jugée inacceptable, poursuivaient fiévreusement des préparatifs destinés à augmenter simultanément leur puissance militaire et navale. En particulier, des divisions nouvelles étaient formées, qui, sans aucun doute, seraient portées sur le front occidental dès les premiers jours du prochain printemps, soit en soutien d'une grande offensive stratégique, soit tout au moins en contre-poids des masses britanniques, dont l'afflux demeurait incessant.

D'autre part, la connaissance des doctrines de guerre allemandes ne permettait guère de nourrir d'illusions sur l'intensité et la précocité des coups que l'ennemi chercherait à frapper pour tenter d'obtenir une décision de la guerre. Ces coups seraient-ils dirigés contre l'armée d'Orient, contre l'armée italienne, ou viseraient-ils à la rupture du front franco-britannique ? — A leur sujet, de vastes champs d'hypothèses restaient ouverts ; mais aussi bien dans les états-majors que dans les sphères gouvernementales des Alliés, la juste opinion prévalait d'une grande attaque ennemie dès les premiers beaux jours. A cette attaque, conviendrait-il d'opposer la seule défensive, ou au contraire, n'était-il pas d'un intérêt capital d'arracher au commandement impérial une initiative stratégique dont il était resté généralement possesseur depuis le début des hostilités?

Pour résoudre la grave question ainsi posée, une conférence militaire interalliée fut réunie à Chantilly le 16 novembre 1916. Elle groupa, autour des généraux en chef Joffre et sir Douglas Haig, les chefs d'état-major ou les chefs de missions de la Grande-Bretagne, de l'Italie, de la Russie, de la Belgique, de la Roumanie, de la Serbie.

Les décisions prises furent enregistrées dans le protocole suivant :

Les conférents donnent leur approbation au plan d'action de la coalition, tel qu'il a été défini dans le memorandum qui leur a été soumis, plan ayant pour but de donner aux campagnes de 1917 un caractère décisif.

Ils prennent, en conséquence, les résolutions suivantes :

I. — Sur le front occidental.

a) Pendant l'hiver 1916-1917, les opérations offensives actuellement engagées seront poursuivies dans toute la mesure compatible avec les conditions climatériques de chaque front.

b) Pour être autant que possible en mesure de faire face à toute situation nouvelle, et *notamment pour interdire à l'ennemi toute reprise de l'initiative des opérations, les armées de la Coalition seront prêtes à entreprendre des offensives d'ensemble dès la première quinzaine de février 1917 avec tous les moyens dont elles disposeront.*

c) A partir de l'époque où les armées seront prêtes à attaquer, les commandants en chef régleront leur conduite respective d'après la situation du moment.

d) Si les circonstances ne s'y opposent pas, les offensives d'ensemble, comportant le maximum de moyens que chaque armée pourra mettre en œuvre, seront déclenchées sur tous les fronts aussitôt qu'elles pourront être concordantes [1] aux dates qui seront fixées d'un commun accord entre les commandants en chef.

e) En vue de réaliser tous accords nécessaires dans ces diverses hypothèses, les commandants en chef ne cesseront pas de conserver entre eux un contact étroit.

II. — Sur le front balkanique.

a) La coalition recherchera la mise hors de cause de la Bulgarie, le plus tôt possible. La volonté du haut

---

1. Il est admis que la concordance sera réalisée, s'il ne s'écoule pas un délai supérieur à trois semaines entre les dates initiales des offensives déclenchées sur les divers fronts

commandement russe est de poursuivre et d'intensifier dans ce but les opérations entamées.

b) Contre la Bulgarie, les forces russo-roumaines agiront par le nord et l'armée alliée de Salonique par le sud, les actions de ces deux groupements de forces étant étroitement combinées, de manière à obtenir la décision sur l'un ou l'autre des fronts d'action, suivant le développement des opérations.

c) L'armée alliée d'Orient sera portée aussitôt que possible à l'effectif de 23 divisions : cet effectif correspond d'une part à l'importance des troupes qu'il est possible de faire manœuvrer et d'alimenter sur le théâtre d'opérations considéré ; d'autre part, aux prélèvements que peuvent supporter les théâtres d'opérations occidentaux. Dans le but d'atteindre cet effectif, le Gouvernement britannique portera sans délai ses forces à 7 divisions, le gouvernement français à 6 divisions ; le gouvernement italien, informé des intentions nettement affirmées par le haut commandement russe, sera sollicité de porter à 3 divisions le contingent des forces italiennes de Salonique.

d) L'armée alliée d'Orient sera attentivement entretenue au complet de ses effectifs.

III. — THÉATRE DES OPÉRATIONS SECONDAIRES.

Sur tous les fronts secondaires, des actions visant à l'immobilisation des forces ennemies, seront poursuivies avec des moyens aussi réduits que possible, pour réserver le maximum des forces aux théâtres principaux.

IV. — Appui mutuel.

a) Les conférents renouvellent l'engagement d'appui mutuel pris à la conférence du 5 décembre 1915 et pleinement tenu par tous au cours de la présente année, à savoir :

Si l'une des puissances est attaquée, les autres lui viendront immédiatement en aide dans toute la mesure de leurs moyens, soit indirectement par des attaques que les armées non assaillies par l'ennemi déclencheront sur les zones préparées, soit directement, par l'envoi de forces entre théâtres d'opérations reliés par des communications faciles.

b) Pour répondre à cette dernière éventualité, des études de transport et d'emploi des forces combinées seront entreprises entre les états-majors franco-anglais et italien.

V. — Entretien des effectifs de l'armée serbe.

Les effectifs de l'armée serbe seront entretenus par enrôlements volontaires de prisonniers de race serbe aux mains de l'Italie et de la Russie, dans toute la mesure et avec toutes les précautions déterminées par ces deux Puissances.

Ont signé les représentants des commandants en chef des armées alliées présents à la conférence et désignés ci-après :

Pour la Belgique	le général Wielemans, chef d'état-major général de l'armée belge.	Signé : WIELEMANS.
Pour la Grande-Bretagne	le général Sir W. Robertson, chef d'état-major impérial des armées britanniques ; le général Sir D. Haig, commandant en chef les armées britanniques en France.	Signé : ROBERTSON, D. HAIG.
Pour l'Italie	le général Porro, chef d'état-major général de l'armée italienne.	Signé : PORRO.
Pour la Roumanie	le colonel Rudéanu, chef de la Mission militaire roumaine auprès du G. Q. G. français.	Signé : Colonel RUDÉANU.
Pour la Russie	le général Palitzine, représentant Sa Majesté le commandant en chef des troupes russes et chef de la Mission militaire russe.	Signé : PALITZINE.
Pour la Serbie	le général Rachitch, délégué de l'armée serbe auprès du G. Q. G. français.	Signé : RACHITCH.
Pour la France	le général Joffre, commandant en chef les armées françaises.	Signé : JOFFRE.

*
* *

Aussitôt et, en exécution des résolutions arrêtées, le général Joffre rédigeait un plan général d'offensive qui, dès le 27 novembre, était adressé aux généraux commandant les groupes d'armées. Le résultat à rechercher y était nettement indiqué dans la rupture du front ennemi, l'opération devant être envisagée pour le courant du mois de février.

Le général Joffre s'exprimait ainsi :

J'ai décidé de poursuivre la recherche de la rupture du dispositif ennemi par une offensive d'ensemble exécutée entre la Somme et l'Oise, dans le même temps que les armées britanniques exécuteront une opération semblable entre Bapaume et Vimy. Cette offensive sera tenue prête pour le 1er février 1917 ; la date exacte en sera fixée d'après la situation militaire générale des alliés.

Le G.A.C. (groupe d'armées du centre) participera à l'offensive projetée par une opération exécutée sur le front de la Ve armée. Cette opération aura pour but soit de coopérer à l'exploitation d'un succès complet des armées du G.A.N. (groupe d'armées du Nord), soit de chercher elle-même la rupture du dispositif ennemi, dans le cas où ces mêmes armées, après des succès marqués, se trouveraient immobilisées ou ralenties par l'ennemi. Elle profitera dans les deux cas de l'amoindrissement des forces adverses résultant des prélèvements de toutes armes et de munitions que l'ennemi devra fixer sur tout son front, comme en 1916, pour faire face aux attaques du G.A.N. et des armées britanniques.

L'opération de la Ve armée sera donc postérieure d'au moins quinze jours à celle du G.A.N. Il est évidemment désirable pour améliorer sa préparation que l'exécution n'ait pas lieu à une date trop rapprochée. Mais la situation générale pouvant amener le G.A.N. à attaquer le 1er février, la Ve armée doit envisager l'éventualité d'entrer en opérations à partir du 20 février ; elle doit activer en conséquence l'exécution des travaux de toute nature.

Mais le Commandant en chef des armées françaises n'entendait pas s'en tenir à des généralités stratégiques. Pour coordonner la large bataille par laquelle il espérait libérer les territoires envahis, peut-être même obtenir une définitive décision, il signait, le 16 décembre, une *Instruction visant le but et les conditions d'une action d'offensive d'ensemble*, et cette instruction représente un document d'une importance primordiale.

Elle prouve en effet que le vainqueur de la Marne toujours a maintenu ferme la doctrine française de l'offensive, doctrine basée d'abord sur l'énergie et la vitesse de l'attaque, ensuite sur l'exploitation du succès. La haute leçon qu'elle contient, sera vainement appliquée par le généralissime Nivelle, en raison des obstacles intérieurs suscités par des politiciens, puis triomphalement par le général Foch dans la liberté restituée au seul chef responsable. Le premier connaîtra toutes les amertumes de la disgrâce consécutive à un échec immérité ; le second, tenant le bâton de Maréchal de France devant le monde sauvé, conquerra une gloire immortelle.

Voici, dans ses principaux passages, le texte de l'*Instruction* établissant le schéma de l'action d'offensive d'ensemble[1] :

C'est une nécessité absolue de revenir aux règles

---

1. Rapport de M. Bérenger, lu à la Commission sénatoriale de l'armée, le 17 juillet 1917.

rappelées ci-après, règles qui ont fait leurs preuves et qui n'ont été modifiées par aucune instruction :

Les attaques doivent être *effectuées sur un front aussi large que possible*, afin d'enlever à l'ennemi la possibilité de concentrer ses feux, et de contrarier le jeu de ses éléments réservés.

La *continuité du front* d'attaque doit toujours être réalisée en ce qui concerne la préparation d'artillerie; elle *peut ne pas l'être*, exceptionnellement, pour l'attaque de l'infanterie, au cours de la progression, quand il y a intérêt à manœuvrer pour faire tomber en les débordant, les points d'appui particulièrement solides.

Les attaques viseront l'*enlèvement de la ligne d'artillerie ennemie*, afin de désorganiser la défense par la prise de ses canons. A cet effet, l'artillerie, contre-batterie et destruction, devra être poussée le plus en avant possible, et effectuer la préparation non pas seulement sur la première position ennemie, mais sur toutes les positions sur lesquelles elle peut agir.

Les attaques à conduire au cours des opérations se succéderont dans le plus court délai, afin d'*exploiter à fond* les résultats obtenus et de réduire le plus possible le temps dont l'ennemi peut disposer. Il y aura lieu de prévoir et de préparer cette succession rapide des attaques dans un plan détaillé, établi *a priori*.

Aussi l'opération capitale du printemps comportera-t-elle deux phases :

1º *un combat de rupture*, se présentant généralement sous la forme d'un premier assaut minutieusement préparé contre l'ensemble des positions ennemies efficacement battues par notre artillerie, combat suivi de nouvelles préparations et de nouveaux assauts sur les positions qui n'ont pu être enlevées par le premier assaut;

2° une *exploitation énergique et audacieuse* dès que la rupture de l'organisation ennemie aura été obtenue.

Les combats de rupture et l'exploitation sont conduits d'après un plan d'ensemble arrêté par le commandement aux différents échelons et dérivant d'une *idée de manœuvre.*

L'idée de manœuvre s'exprime dans le plan d'opérations.

Le succès doit être recherché à la fois par la *puissance* et la *vitesse* ; or, l'attaque uniforme sur un front étendu ne permet pas la puissance, et l'attaque des positions successives ne donne pas la vitesse.

Appliquer les moyens les plus puissants dans les zones du terrain où la progression peut être la plus rapide, tant en raison des facilités de parcours qu'elles offrent à l'infanterie, que des possibilités d'action qu'y trouve l'artillerie ;—viser, dans la direction des objectifs que l'on veut atteindre, l'occupation des lignes du terrain sur lesquelles l'ennemi pourrait rétablir son front, ou celles des débouchés nécessaires à la continuation du mouvement ; — tendre, par l'enveloppement de toute aile créée dans le dispositif adverse, à l'élargissement du front de combat initial, et à la destruction de la plus grande partie des forces ennemies,—telles sont les idées directrices qui doivent présider à l'établissement du plan de toute opération offensive.

Ainsi par avance le général Joffre traça-t-il magistralement la voie sur laquelle plus tard marcheraient les armées victorieuses de Foch. Mais les idées directrices du vainqueur de la Marne subiront bientôt une longue éclipse ; et c'est de celle-ci que nous prétendons étudier les causes, sans parti pris, mais aussi sans crainte. Car, après tant de sacrifices, la France est en droit de connaître la vérité, non pas dissimulée sous des oripeaux littéraires, mais toute nue dans l'aveuglante clarté des textes et des faits.

CHAPITRE II

DEUX CHEFS. — DEUX MENTALITÉS

A la date même où paraissaient les instructions relatives à la future offensive du printemps, un nouveau généralissime était déjà donné aux armées françaises. Le 12 décembre 1916, le général Nivelle avait été nommé au commandement en chef des armées du Nord et du Nord-Est, et le 16 décembre il arrivait au grand Quartier Général, prendre possession de ses hautes fonctions.

Pourquoi celui que les soldats et le pays appelaient du nom familier de « Notre Joffre », fut-il éliminé des responsabilités de la guerre, emportant dans un effacement imposé le bâton restauré du Maréchal de France ? — La réponse à cette question n'entre pas dans le cadre de cette étude. Il suffira simplement de noter que le changement de généralissime fut l'épilogue d'une longue campagne poursuivie dans les couloirs du Parlement, et qu'ainsi cet épilogue se présente lui-même comme le préambule des événements qui remplirent l'année 1917.

Depuis longtemps, divers noms avaient été mis en avant, dont les titulaires étaient considérés comme susceptibles de recueillir la succession du vainqueur de la Marne. Parmi les généraux inves-

tis de grands commandements dès la mobilisation
figuraient en première ligne le général Foch et le
général de Castelnau. Le premier avait acquis une
gloire indiscutée sur le champ de bataille restreint
de Fère-Champenoise, puis sur le vaste théâtre
des Flandres. Le second, après avoir sauvé Nancy
avec l'armée de Lorraine, s'était montré, en qualité de major général, le metteur en scène de l'initiale résistance par laquelle Verdun fut à son tour
sauvé.

Mais tous deux catholiques pratiquants, demeuraient frappés d'un vice rédhibitoire, aux yeux de
certains hommes, dont l'intolérance sectaire n'ab-
diquait pas devant les dangers de la Patrie. Deux
ans plus tard, la même intolérance ravira à Castelnau, « ce capucin botté », le bâton étoilé, que l'opinion et la presse voyaient déjà entre ses mains.
Contre Foch, dont la réputation universelle portait
aussi ombrage, des raisons de santé chancelante
demeureront de plus invoquées. Jusqu'au jour où,
dans l'imminence d'un définitif désastre, il sera
fait appel à son génie, le futur libérateur de la
France et de la Belgique restera confiné en des missions imprécises, soit sur la frontière suisse, soit
en Italie, soit auprès du Ministre de la guerre.

D'autre part, on doit le reconnaître, une notable
partie de l'opinion, impressionnée par l'apparence
trompeuse de la guerre de tranchées, convaincue,
dans son incompétence, de la caducité des vieux
principes enseignés par les maîtres, réclamait une

rénovation du haut commandement français. D'instinct, elle se tournait vers les généraux relativement jeunes, surgis du tumulte des combats, et mettait ses espoirs en les méthodes inédites dont elle les supposait détenteurs. Or, parmi ces généraux, colonels du début, parvenus rapidement au sommet de la hiérarchie, deux noms se détachaient, auréolés des rayons encore à peine éteints de la glorieuse bataille sous Verdun : celui de Nivelle et celui de Pétain.

Le général Pétain, âgé de soixante ans, était un fantassin. Sorti de Saint-Cyr en 1878, breveté d'état-major en 1890, il avait reçu à la seule ancienneté ses deuxième, troisième et quatrième galons. De 1908 à 1911, il avait été à l'École de guerre, chargé du cours de tactique appliquée d'infanterie. En 1911, il était colonel, et en cette qualité, avait été mis par intérim à la tête de la 4e brigade. Néanmoins, selon toutes vraisemblances, il devait parvenir à l'âge inexorable de la retraite avant d'avoir atteint aux étoiles.

Un de ses biographes anonymes[1] nous apprend que, « simple capitaine, Pétain avait déjà des idées très nettes sur le tir de l'infanterie, *en opposition radicale avec la doctrine officielle*... Ses opinions sont funestes aux belles conceptions échafaudées par les théoriciens, puisqu'il examine toutes choses du point de vue de la guerre. Les conditions psycho-

---

1. *Illustration* du 30 novembre 1918. — X Y.

logiques dans lesquelles se trouveront placés les soldats au moment de la bataille le préoccupent par-dessus tout ». Et ceci n'est pas mal, puisqu'à la guerre, selon le mot de l'Empereur, tout est moral aux trois quarts. Mais si de « bonne heure », le commandant Pétain « s'est fait à cette idée qu'un chef ne peut rien, quel que soit son génie, s'il ne sait pas manier l'instrument de la victoire ou de la défaite, — la troupe », — il a simplement retourné dans sa pensée une vérité du capitaine de La Palisse, applicable non seulement à tout artiste, mais encore à tout humble artisan.

Puis le même biographe inspiré révèle que, « grand liseur, Pétain pèse toutes les idées avec un esprit libre ; il acquiert ainsi une sorte de philosophie très élevée qui met l'homme à sa place *au milieu des événements dont nul n'est le maître*, mais dont il s'agit de connaître la fatalité pour en tirer parti : ce Français se distingue de bien des Français parce qu'il a le sens aigu du possible et que *vouloir dompter l'impossible lui semble une folie dangereuse* ».

Voilà qui est grave ! Eh quoi ! un chef d'armée, dont avant tout la mission est de dominer les événements, s'affirme à lui-même que nul n'en est le maître. Il lui suffit de discerner la fatalité pour se laisser aller à la dérive, dans le seul souci d'éviter les tourbillons et d'attendre avec de moindres dommages, la fin de la tempête. Vouloir dompter l'impossible ne serait qu'une folie dangereuse ! —

Mais quelles sont donc les bornes séparant le possible de l'impossible ? — ce dernier mot que répudiaient nos aïeux, — et, si ces bornes sont fixées du jugement d'un chef, toute inaction, cette faute suprême taxée naguère d'infamie par notre règlement de cavalerie, n'est-elle pas d'avance justifiée ?

Telle est pourtant présentée la caractéristique principale d'un soldat qui, dans le feu d'actions locales, écrivit de belles pages. Elle se résume dans la soumission à l'inévitable, dans la répulsion à tout élan de longue haleine dont les conséquences s'offrent inconnues[1]. Aussi l'âme du général restera-t-elle imprégnée des doctrines édifiées sur les méditations de l'officier. La mentalité de celui qui sera chef d'armée et de groupes d'armées, puis généralissime, sera essentiellement défensive. D'un seul trait s'éclaire ainsi une année de sombres angoisses.

Successivement commandant de la 6e division d'infanterie, du 33e corps d'armée, le général

---

1. Le 17 juillet 1918, le général Pétain, commandant en chef les armées du nord et du nord-est, intimidé par le recul de l'armée Berthelot au sud de la Marne, voudra surseoir à la contre-offensive de Mangin, préparée pour le lendemain. Le général Foch, prévenu, devra intervenir, exiger le maintien de ses ordres.

Le 20 juillet, après deux jours de victoire et la prise de 22.000 prisonniers, de 500 canons, le même Commandant en chef, à la côte 255, dans la forêt de Villers-Cotterets, dira à Mangin, contemplant la poursuite ardente de ses soldats : « C'est très beau, mais ne vaudrait-il pas mieux vous arrêter ? » Foch encore dut intervenir.

Le général Pétain préconisait alors la seule recherche de bonnes positions pour passer l'hiver !

Pétain combat à Dinant, participe à la retraite générale, à la bataille de la Marne dans la région de Provins, à l'offensive d'Ablain-Carency de mai 1915. Le 2 juin de la même année, il est mis à la tête de la II* armée, qu'il conduit à l'offensive d'automne en Champagne.

Dès lors, son nom commence à voler sur les ailes de la Renommée, pour monter au zénith, lorsque, appelé en hâte au secours de Verdun, il accomplit la tâche sur laquelle « la France palpitante, a les yeux fixés ». Il est indiscutable, en effet, qu'au cours des mois de mars et avril 1916, le général Pétain, infidèle à ses théories sur le possible et l'impossible, a sauvé une situation gravement compromise. Ce sera là pour la postérité son plus grand titre de gloire ; il suffit d'ailleurs à lui mériter la reconnaissance d'un peuple.

Néanmoins, vers le mois de mai 1916, et devant l'obstination allemande, il apparaissait que les positions françaises sur la rive droite de la Meuse ne pourraient être maintenues jusqu'au développement de la riposte alliée envisagée sur la Somme, si la II* armée se renfermait dans une résistance presque uniquement passive. Les principes généraux de toute bataille, que celle-ci se livre en rase campagne ou au long d'organisations fortifiées, demeurent éternels, soit que les combattants luttent avec des piques et des javelots, soit qu'ils se mesurent avec des armes perfectionnées à longue portée. Pour être réellement efficace et atteindre à son but final, une défensive doit se maintenir active, c'est-à-dire non seulement être vive à la riposte immédiate comme à la parade, mais encore à l'attaque déterminée par coups soudains et puissants. Ainsi, au moins temporairement, imposera-t-elle sa volonté à l'offensive adverse, en contraignant celle-ci à modifier ses plans.

Le 2 avril, les Allemands, ayant emporté le bois de la Caillette, commençaient une menaçante infiltration au travers des ravins boisés montant à la crête de Souville. Si celle-ci tombait entre leurs mains, l'évacuation de la rive droite de la Meuse pouvait être considérée comme une éventualité aussi prochaine que susceptible, en raison de la nervosité de l'opinion, d'avoir en France et dans le monde un retentissement profond. C'est alors que sur le champ de bataille tragique de Verdun et à la tête du 3° corps apparut le général Nivelle.

*
* *

Si le général Robert Nivelle est un artilleur, il représente le type du véritable cavalier, imprégné de cet esprit offensif, qui, à la guerre comme sur les hippodromes, ne mesure les obstacles que pour mieux les franchir. Élève de Polytechnique, de Fontainebleau, de l'École de guerre, partout, à l'amphithéâtre, aux salles d'examen, à la manœuvre, il galope dans les premiers. La vie monotone de garnison ne suffisant pas à son activité, il court dépenser celle-ci en Chine, en Corée, dans l'Afrique du Nord.

Lorsque survient la mobilisation, Nivelle est colonel, comme Pétain. Des champs de Besançon où, la veille encore, en avant de ses jeunes lieutenants, il sautait les fossés et les haies, il entraîne en Alsace son régiment, le 5e d'artillerie; et du premier coup, il règle si bien son tir sur des batteries allemandes que désemparés, les servants de celles-ci abandonnent à nos fantassins vingt-quatre canons, les premiers parmi leurs trophées.

Quelques jours plus tard, le 5e d'artillerie est, avec le 7e corps, engagé dans la bataille de l'Ourcq. Le 16 septembre, il est sur l'Aisne où une violente attaque allemande à gros effectifs met en péril une partie du 7e corps et la force à repasser la rivière.

Dans l'imminence du danger le colonel Nivelle n'hésite pas. « Il porte au grand trot toutes ses pièces, dont il a pris lui-même la tête, en avant des fantassins qui reculent, entre ceux-ci et les Boches déjà sûrs du succès ; et les laissant approcher en rangs serrés, froid et calme comme au polygone, il en fait à bonne portée un épouvantable massacre. Les deux régiments allemands qui opéraient là, voulant échapper aux rafales meurtrières, se jettent dans le bois qui dévale vers l'Aisne; mais, ils y trouvent les baïonnettes de nos fantassins qui, électrisés par l'attitude de leurs artilleurs, étaient revenus et tenaient bon. Les Allemands refluent alors vivement vers l'arrière. Mais, sur le plateau dénudé, nos terribles obus, dans un tir fauchant admirablement réglé, les suivaient pas à pas, avançant ou reculant avec eux. Bien peu des 6.000 hommes qui, ce jour-là s'étaient rués sur nous, regagnèrent leurs tranchées[1]. »

Tout l'homme est dans ce magnifique fait d'armes. Général d'armée, puis généralissime, Nivelle ne fixera jamais les limites du possible. Il sait que la victoire ne sourit pas aux timides, mais bien aux audacieux, — qu'à la guerre comme au jeu, tout gain comporte des risques ; qu'en particulier, aux heures graves, il ne s'agit pas, par la pire des économies, de conserver des canons ou d'épargner des vies, mais de forcer la fortune et ainsi de sauver la Patrie.

En octobre 1914, Nivelle, promu général, commande une brigade sur l'Aisne. En janvier 1915, il rétablit une situation compromise par un mouvement mal conçu devant Soissons. Le 19 février, il reçoit une division, et plus tard avec elle reprend le saillant de Quennevières. Enfin, en 1916, il arrive aux champs de bataille de la Meuse, où le fixe sa destinée de commandant de corps, puis de commandant de la IIᵉ armée, jusqu'au jour où il sera investi de la direction suprême.

Les grandes actions du général Nivelle devant Verdun sont trop connues pour qu'il soit insisté sur elles. Ce sont ces actions qui libèrent le camp

1. Charles Nordmann, *Illustration* du 22 juillet 1916.

retranché de l'étreinte allemande : actions offensives poussées à fond, par lesquelles les crêtes successives des Hauts-de-Meuse, puis Douaumont et Vaux sont arrachés à une longue emprise. Car, si Pétain, devenu commandant du groupe d'armées du Centre, toujours hésitant devant l'impossible, détourne la tête devant les sacrifices, Nivelle, lui, toutes considérations écartées, reste les yeux fixés sur la nécessité de maintenir à tout prix son armée aux positions où il l'a trouvée. Et, lorsqu'en juin par deux fois, Pétain sollicite de Joffre l'autorisation d'évacuer la rive droite de la Meuse « pour sauver l'artillerie », n'est-ce pas parce qu'il possède une confiance absolue dans le commandant de la IIe armée, choisi par lui-même, que le généralissime, sans autre examen, oppose refus sur refus à semblable faiblesse.

En face d'une mentalité strictement défensive issue d'un manque de confiance et de foi, Nivelle représente donc l'esprit offensif de notre race, qui ne se satisfait pas de formules et ne châtre pas d'avance ses élans.

Il professe qu'on doit avoir « de la méthode et non une méthode », que les circonstances de guerre étant variables à l'infini, ne mérite point d'être un chef quiconque prétend trouver la solution dans une étroite doctrine d'école ; — que néfaste est la recherche de la formule qui fige en des procédés stériles et dispense de la réflexion. « Quand les idées se rapetissent, écrit-il, on ne voit plus d'assez haut ni d'assez loin ; toujours il faut regarder au delà de l'opération, de la victoire même, vers l'exploitation, c'est-à-dire vers la décision. »

*
* *

Tels étaient les deux hommes, aux conceptions intimes nettement opposées. L'un était demeuré imbu de la haute doctrine rappelée par le général Joffre dès le 21 septembre 1915 dans une note aux généraux commandant les corps d'armée, à la veille de l'offensive de Champagne ; l'autre suggestionné par les apparences de la guerre de tranchées, intimidé par la puissance allemande, plaçait ses espérances dans une résistance indéfinie et dans une fataliste attente. Dans l'accomplissement du devoir strictement localisé, « il laisserait faire aux dieux ».

Cette note du 21 septembre 1915 est trop importante pour que ses principaux passages ne soient pas reproduits. Elle pose en effet les définitifs principes de l'offensive, — offensive nécessaire qu'en raison d'une insuffisance de moyens matériels Joffre put seulement esquisser, que Nivelle, entravé, ne put mener à bien — et qu'enfin Foch accomplira, dans la liberté entière de ses mouvements.

L'élan des troupes, disait notre premier généralissime, et leur esprit de sacrifice constituent l'élément principal des attaques... Prendre l'offensive sur le théâtre de l'opération française est pour nous une nécessité, afin de chasser les Allemands hors de France...

L'offensive sera générale. Elle comprendra plusieurs grosses attaques simultanées exécutées sur de très grands fronts. Les troupes britanniques y participeront avec des effectifs considérables. Les troupes belges prendront aussi part à l'attaque. Aussitôt que l'ennemi aura été ébranlé, les troupes maintenues sur les parties jusque là passives du front l'attaqueront à leur tour pour achever la désorganisation et le mettre en déroute.

Il s'agira pour toutes les troupes qui attaqueront, non pas seulement d'enlever les premières tranchées ennemies, mais de *pousser sans trêve*, de jour comme de nuit, au delà des positions de deuxième et de troisième ligne, jusqu'au terrain libre. Toute la cavalerie participera à ces attaques pour en *exploiter le succès à grande distance.*

La simultanéité des attaques, leur puissance, leur étendue, empêcheront l'ennemi d'accumuler des réserves d'infanterie et d'artillerie sur un point, comme il put le faire au nord d'Arras. Elles sont un gage du succès.

Ainsi, l'esprit napoléonien soufflait, vivace, sur celui qui, devant l'inondation des masses germaniques, n'avait pas songé un instant à la construction de digues successives, mais s'était confié aux vertus ancestrales de notre race. En vain, un ministre spéculatif s'efforcera-t-il ensuite d'emprisonner ces vertus aux murailles sans fenêtres d'un Parlement. A nouveau, elles prendront leur vol, et dans leur sillage, nos drapeaux flotteront un jour jusqu'au Rhin.

*
* *

Cependant, le remplacement du généralissime étant résolu, le choix s'était circonscrit entre les généraux Pétain et Nivelle, placés réellement hors de pair, depuis la bataille de Verdun. Tous deux, restés en dehors des partis et des compétitions politiques, se présentaient avec des titres militaires qui, seuls, devaient peser dans la balance. Mais si Nivelle, comme Pétain, était réellement inconnu de la plupart des hommes chargés alors du gouvernement de la France, les idées du second n'en avaient pas moins pénétré les milieux parlementaires. En présence des difficultés croissantes de la guerre de tranchées, elles avaient séduit un certain nombre d'esprits, enclins à la temporisation et à l'immobilité. Dès lors, nul n'ignorait que le général Pétain préconisait cette méthode de prudence dont plus tard l'expression serait fixée, à la faveur de la relative victoire de la Malmaison, dans le *Bulletin des Armées*, du 1ᵉʳ novembre 1917 : ce sera, alors, officiellement reconnue, la méthode dite « de Pétain », ainsi brièvement exposée sous une forme définitive :

« Les combats de l'Aisne fixent définitivement la méthode offensive que l'expérience de la guerre a fait adopter, en pleine communauté de vues, au commandement français, comme au commandement britannique.

« Cette doctrine peut se définir de la sorte : point de tentative de percées, comme on l'entendait en 1915, mais l'occupation d'objectifs limités, successifs et prévus, après une préparation complète d'artillerie lourde. Le succès est ainsi obtenu par l'accumulation des moyens matériels et la limitation volontaire des progrès de l'infanterie. »

Or, cette méthode — dont l'application devait prolonger indéfiniment et la guerre et l'invasion, dans le permanent aléa des désastreuses surprises — cette méthode, avait, dès l'automne de 1916, rencontré la faveur et obtenu l'approbation d'hommes politiques et de parlementaires. A leur tête marchait M. Painlevé.

Celui-ci, en effet, dans sa déposition du 10 juillet 1917, devant la Commission sénatoriale de l'Armée, a fait la déclaration suivante, qui établit de manière irréfutable l'origine de l'opposition que le futur Ministre de la guerre de la France poursuivra contre le plan de campagne offensive du Généralissime :

Il est parfaitement exact, a dit M. Painlevé, qu'au mois de décembre, lorsque le second ministère Briand s'est formé, la question du choix du Général en chef qui devait succéder au général Joffre, a été un des plus gros motifs pour lesquels j'ai refusé d'entrer dans le nouveau ministère. Nivelle ou Pétain, voilà qui m'était égal ! Mais j'avais vécu comme ministre des inventions pendant quinze mois presque chaque semaine sur le front, j'avais causé avec un grand nombre de chefs : je connaissais les idées, les théories, les conceptions de la guerre. Et, de tous les renseignements que j'avais pu récolter et aussi des conséquences excessives que l'on déduisait de l'opération heureuse de Vaux-Douaumont, j'étais arrivé à la conclusion suivante, c'est que le général Nivelle avait une méthode qui me paraissait téméraire et imprudente, d'autant plus que nous étions à ce moment-là dans un problème d'effectifs qui était préoccupant, si on voulait se réserver la possibilité de durer. Au contraire, la conception du général Pétain, bien que moins séduisante au premier abord, me paraissait la seule conforme à la situation de nos armées et de la puissance de résistance de l'ennemi. Encore une fois, dans le jugement que je portais, il n'y avait rien qui fût personnel à l'un ou à l'autre. Je choisissais intellectuellement entre deux méthodes, et puisqu'on désignait le chef qui allait probablement admettre l'autre méthode, je considérais que je ne pouvais pas prendre la responsabilité dans ce sens. Voilà une des raisons pour lesquelles, en fait, je ne suis pas entré dans le second cabinet Briand. Il y en avait d'autres encore. Quand j'ai été tenu au courant, par certains renseignements donnés à nos collègues de la Commission de l'Armée, du développement du plan de guerre du général Nivelle, je l'ai trouvé très aventuré, je ne le cache pas. Par contre, un certain nombre de nos collègues de la Chambre en étaient très enthousiastes et j'ai eu des discussions à ce sujet avec eux [1].

Ces déclarations sont d'une importance évidente. D'avance elles projettent une lumière crue sur les

<hr>

1. Rapport Bérenger. *Archives de la Commission sénatoriale de l'Armée, comptes rendus sténographiques*, pp. 9054-9056.

événements de 1917. Elles prouvent sans conteste que, sitôt connu le plan offensif du général Joffre, plan conforme lui-même à des résolutions arrêtées en un grand conseil de guerre des Alliés, une influente incompétence politicienne s'est dressée et contre la mise en œuvre de ce plan et contre son exécuteur qualifié. Puis, lorsque cette incompétence se sera installée, par le jeu d'intrigues parlementaires au Ministère de la Guerre, le Généralissime n'aura pas seulement à préparer une bataille libératrice, mais encore à soutenir la lutte intestine la plus amère, la plus démoralisante contre son propre ministre.

Dans ces conditions, quel général en chef eût pu vaincre, fût-il doté du génie d'un Bonaparte? Pourquoi plutôt, les hommes au pouvoir, responsables non seulement de l'avenir de la France, mais encore de ses sacrifices immenses et répétés, n'ont-ils pas sagement médité la lettre immortelle que le jeune conquérant de la Lombardie adressait le 25 floréal an IV, à Lazare Carnot :

« J'ai fait la campagne sans consulter personne; *je n'eusse rien fait de bon s'il eût fallu me concilier avec la manière de voir d'un autre.* J'ai remporté quelques avantages sur des forces supérieures, et dans un dénûment absolu de tout, parce que, persuadé que votre confiance se reposait sur moi, ma marche a été aussi prompte que ma pensée... »

Ces phrases sont immortelles parce qu'elles énoncent d'immuables vérités.

*
* *

Cependant, parmi les indécisions du Gouvernement et les disputes des partis, une intervention décisive devait déterminer le choix du nouveau généralissime. Le vainqueur de la Marne, qui savait juger les hommes, avait pénétré les mentalités opposées d'un Pétain et d'un Nivelle. A ses yeux, l'esprit offensif du second pouvait seul s'adapter aux nécessités du plan de guerre, et il ne cacha pas ses préférences.

Le 12 décembre 1916, le général Nivelle était ainsi nommé au commandement en chef des armées du Nord et du Nord-Est. Le 16, après avoir la veille remporté devant Verdun une dernière victoire, il rejoignait son poste à Chantilly.

Aux mêmes heures, M. le député Viollette, dans un rapport à la Commission de l'Armée de la Chambre avait écrit les lignes suivantes :

Si nous sommes prudents, c'est dès la fin de février que nous reprendrons les opérations actives, et pour une raison capitale : c'est que notre infanterie est encore capable de fournir un effort considérable. Mais ce serait courir un risque formidable que se résigner sur des positions même beaucoup mieux préparées à l'exposer à une tentative comme celle de Verdun qui a donné déjà, on le sait, des mécomptes graves dans certaines troupes.

J'ai la conviction que l'initiative de la grande bataille

est une question de vie ou de mort pour la France et qu'ainsi nous ne sommes pas libres d'attendre au 15 avril pour l'entreprendre.

La Commission de l'Armée approuva, vota ces termes du rapport et en ordonna la transmission au Gouvernement.

CHAPITRE III

L'ÉTUDE DU PLAN D'OFFENSIVE

Aussitôt installé au G. Q. G., le général Nivelle se mit à l'étude du plan définitif d'offensive, qui ne différerait guère de celui précédemment adopté. Les mêmes fronts de l'attaque française, — entre Oise et Somme et au nord de l'Aisne, — resteraient envisagés ; cependant, ces deux fronts ne pouvant être équipés simultanément en artillerie lourde suffisante, les actions ne seraient que successives, étant réglées par les nécessités de transport d'une partie des canons d'un front sur l'autre. Ainsi étaient obligatoirement limitées les possibilités de manœuvres combinées, — la responsabilité d'une stratégie aussi défectueuse remontant d'ailleurs à ceux qui avaient attendu jusqu'au mois de mai 1916 pour passer les commandes complètes d'une artillerie puissante et mobile.

A la fin de 1916, la supériorité numérique des Alliés sur le front occidental était considérable ; mais elle tendrait dans la suite à décroître, par suite, d'une part, de la pénurie croissante des contingents français appelés, d'autre part, de la création des nouvelles divisions allemandes. De même, au point de vue du matériel, les prévisions sur nos disponibilités en charbon et en acier devenaient inquiétantes, alors que les programmes allemands s'offraient en progression constante. Enfin, le désastre roumain et la situation de plus en plus critique de la Russie, tant politique que militaire, permettaient de penser qu'au cours de 1917, l'état-major allemand jouirait de certaines facilités pour transporter en Occident des divisions enlevées au front oriental.

Pour ces raisons décisives, l'offensive franco-britannique ne devait pas, *a priori*, affecter la forme d'une bataille d'usure, c'est-à-dire fractionnée en actions volontairement limitées, mais bien celle d'une bataille de rupture, puissante, rapide, susceptible d'une exploitation étendue. Elle serait une offensive-manœuvre dans l'effort commun et coordonné de toutes les forces françaises et britanniques.

La nécessité de cette communauté dans l'effort réduisait d'avance le choix des secteurs d'attaque. D'évidence, et pour que la manœuvre fût soudée, le général Nivelle ne pouvait songer à une attaque en Alsace ou en Lorraine, non plus que le maréchal Haig à un mouvement dans les Flandres, où d'ailleurs les terres demeurent impraticables jusqu'au milieu de l'été.

Les Anglais étant donc, par la force des choses et l'exiguïté même de leur front d'alors, tenus d'attaquer en Artois, le théâtre principal de l'offensive française serait choisi de telle manière que l'ennemi dût subir la lutte dans une disposition en équerre, c'est-à-dire entre les branches d'un étau. Par suite, l'ancien champ de bataille de la Somme, adossé à l'obstacle de la rivière et devant lequel les Allemands avaient accumulé les organisations défensives, devait être écarté des méditations du généralissime. Enfin, si entre Somme et Oise, le théâtre n'offraît pas une ampleur suffisante, à l'est de l'Oise le formidable massif de Saint-Gobain se dressait comme une citadelle malaisément abordable.

En conséquence, dès un premier examen, l'on était amené à admettre comme seulement utilisables, le secteur au nord de l'Aisne et celui de Champagne.

Mais choisir exclusivement ce dernier, c'était, dans la limite des moyens disponibles, renoncer aux chances offertes par une double action convergente, en raison du large intervalle ouvert entre l'offensive française et l'offensive anglaise. Or, toute la conception du moment, qui plus tard sera celle ordinaire de Foch, reposait sur la prise en tenailles du grand saillant des positions allemandes sur le sol français.

Un raisonnement parfaitement équilibré conduisait donc à l'attaque du Chemin des Dames, attaque dont les difficultés n'étaient pas niables, tout imposée qu'elle fût par les considérations stratégiques issues de la rigidité continue des fronts.

Après mûres réflexions, dès la fin de décembre, le général Nivelle traça donc le schéma suivant de l'offensive :

a) Deux attaques principales sur les flancs du saillant allemand, l'une au Nord, par les armées britanniques en Artois, l'autre à l'Est, sur l'Aisne et en Champagne, — avec convergence vers Saint-Quentin-La Fère.

b) Deux attaques secondaires reliant les précédentes, l'une par les Anglais sur l'Ancre, en direction de Cambrai ; l'autre par le Groupe des Armées du Nord (G. A. N.), — partant du front Roye-Lassigny, et en direction de Saint-Quentin.

Mais déjà, une question préliminaire se posait au regard des disponibilités en effectifs et matériel exigées par le développement jusqu'alors inédit, désormais prévu, pour l'offensive française.

Seule la relève d'une partie de nos forces par des divisions britanniques pouvait la résoudre. Le 20 décembre, le général Nivelle n'hésita donc pas à pressentir le maréchal Haig, puis, le 21 décembre, il répondait aux objections présentées, par la lettre suivante, dont l'intérêt est indiscutable, puisque par elle est précisée la conception intime du généralissime, au 5ᵉ jour de sa prise de commandement.

Au G. Q. G., le 21 décembre 1916.

Le général Nivelle, commandant en chef les armées du Nord et du Nord-Est, à Monsieur le général Sir Douglas Haig, commandant en chef les forces Britanniques en France, à Montreuil.

Mon cher Général [1],

Comme suite à notre conversation du 20 décembre, j'ai l'honneur de vous exposer ci-après mes vues au sujet de notre offensive de 1917 et des modifications que je crois indispensables d'apporter au plan primitif de ces opérations.

But à atteindre. — Dans l'offensive de 1917, les armées franco-britanniques doivent rechercher la destruction de la masse principale des armées ennemies sur le théâtre occidental. Ce résultat ne peut être obtenu qu'à la suite d'une bataille décisive livrée, avec une supériorité numérique considérable, à toutes les forces disponibles de l'ennemi.

Il s'agit donc :

De fixer une partie aussi importante que possible des forces adverses ;

De rompre le front de l'ennemi dans des conditions telles que la rupture puisse être immédiatement exploitée ;

De battre toutes les disponibilités que l'adversaire pourra nous opposer ;

D'exploiter avec tous les moyens les résultats de cette bataille décisive.

---

1. Sir Douglas Haig fut nommé *field marshal* le 25 décembre.

Moyens nécessaires. — Pour réaliser ce programme, il est indispensable de disposer, en dehors des forces destinées au début à fixer l'ennemi et à rompre son front, d'une masse de manœuvre suffisamment puissante pour battre à coup sûr toutes les disponibilités adverses.

J'estime que cette masse ne peut être constituée que par des forces homogènes, ayant toute leur cohésion et ayant été dressées en vue de leur tâche, par les chefs qui auront à les employer. Il s'ensuit que ces forces ne sauraient être prélevées sur des armées chargées d'exécuter une offensive d'usure ou la rupture du front ennemi.

J'évalue à un groupe de trois armées, chacune de trois corps à trois divisions la force nécessaire de cette masse de manœuvre.

Physionomie générale des opérations. — Partant de ces bases, je conçois comme suit le développement des opérations de nos armées :

Les forces ennemies seront fixées dans la région Arras-Bapaume et dans celle entre Oise et Somme par des attaques menées respectivement par les armées sous vos ordres et par les forces françaises.

Pendant ce temps, une attaque brusquée exécutée sur une autre partie du front français amènera la rupture. Celle-ci sera immédiatement suivie par l'élargissement rapide de la brèche et par la concentration au delà, des armées de manœuvre destinées à la bataille décisive.

Cette bataille, dont les efforts ne manqueront pas de se faire ressentir sur toute l'étendue de notre front, comportera une exploitation à grande envergure à laquelle participeront les armées françaises et les armées britanniques avec tous les moyens qu'elles pourront y appliquer.

Constitution de la masse de manœuvre. — Le succès de nos opérations dépendra donc essentiellement de la masse de manœuvre.

Pour les raisons que je vous ai exposées ci-dessus (homogénéité, cohésion, instruction, commandement), j'estime qu'elle doit être distincte des grandes unités chargées de fournir l'attaque au nord de l'Oise et de l'exécution de la rupture.

Or, il m'est impossible en l'état actuel de la répartition du front entre nos armées alliées de former cette réserve de vingt-sept divisions.

Pour me permettre de le faire, il est indispensable que les armées britanniques relèvent une partie importante des troupes françaises qui tiennent le front entre Somme et Oise, et qu'à cet effet, elles rendent disponibles les divisions françaises établies entre Bouchavesnes et la route d'Amiens à Roye. J'estime que ce front peut être tenu aisément par sept ou huit divisions, ce qui correspondrait à la densité des forces allemandes qui y font face.

Cette relève devrait s'effectuer sans aucun délai sous peine d'apporter un retard sérieux à la préparation de notre prochaine opération ; je vous demande donc de la faire effectuer pour le 15 janvier au plus tard.

Rôle des armées britanniques. — En définitive, le rôle des armées britanniques dans notre offensive commune doit être :

1° De me permettre de constituer sans retard la masse de manœuvre indispensable à la bataille décisive ;

2° D'entreprendre sur le front d'attaque que vous

avez envisagé, une offensive suffisamment large et puissante pour absorber une partie importante des disponibilités allemandes ;

3° De participer à l'exploitation générale qui suivra la bataille décisive livrée dans une autre région, en achevant la désorganisation des forces établies devant votre front d'attaque, et en entamant la poursuite de l'ennemi dans une zone que nous fixerons ultérieurement d'un commun accord.

En définissant ainsi la tâche des armées britanniques, je tiens à vous préciser que j'envisage également l'emploi éventuel de ma masse de manœuvre à l'aile droite de notre front.

Si l'ennemi tentait une offensive à travers la Suisse, je ne serais donc plus amené à vous demander de mettre à ma disposition une partie de vos forces pour y faire face.

Il est d'autre part évident que ce groupe d'armées réservé travaillera dans la bataille générale au profit de vos armées comme des miennes.

En outre, l'extension de front que je vous demande dispenserait dans une certaine mesure vos armées de poursuivre l'exécution des opérations offensives qu'elles devaient entreprendre au cours de l'hiver conformément aux décisions prises à la conférence de Chantilly du 15 novembre dernier.

Enfin, le plan d'opérations que je vous ai exposé n'exclut pas la possibilité d'effectuer, le cas échéant, l'opération visant la conquête d'Ostende et de Zeebrugge puisque celle-ci ne peut pas avoir lieu avant l'été.

Cette opération peut être étudiée dans tous ses détails d'après la directive déjà adoptée, et j'estime même que nos alliés belges doivent se préparer dès à présent au rôle qu'ils auraient à y jouer.

Si notre grande offensive réussit, il est certain que la côte belge tombera entre nos mains du fait de la retraite des armées allemandes, et sans attaque directe-

Si, au contraire, nos attaques échouent, il sera toujours possible d'exécuter à la belle saison les opérations projetées en Flandres.

En terminant cet exposé, je vous demande de vouloir bien me donner, le plus tôt possible, votre réponse au sujet de la relève du front entre Bou chavesnes et la route de Roye : la constitution de mes disponibilités en vue des diverses éventualités qui peuvent se présenter, est en effet une question capitale que je désire solutionner sans aucun retard.

Agréez, mon cher général, l'expression de mes sentiments les plus cordiaux.

Signé : NIVELLE.

Le maréchal Haig, ayant répondu à cette invitation que la relève sollicitée resterait subordonnée à l'arrivée au front de six divisions anglaises nouvelles, le général Nivelle se rendit à Londres pour être entendu par le « War Committee ».

Celui-ci, le 15 janvier, après un exposé complet de la situation, se rendit compte de l'intérêt d'une offensive aussi prochaine que possible, et il donna entière satisfaction au généralissime français par les décisions suivantes :

a) La relève sera poussée jusqu'à la route de Roye, et terminée dans les premiers jours de mars ;

b) Les armées britanniques devront être prêtes à attaquer, avec tous leurs moyens, au plus tard le 1er avril.

Ces engagements furent exactement remplis en
ce qui concerne la relève ; mais des difficultés s'é-
levèrent au sujet de certains transports sur le réseau
du Nord. D'autre part, M. Lloyd George ne tarda
pas à exprimer le désir que la question de l'unité
de commandement sur le front occidental fût sérieusement examinée, cette unité étant réclamée par
une grande partie de l'opinion, tant en Angleterre
qu'en France.

En effet, le Premier Ministre britannique, plein
de confiance dans le général Nivelle, tenait alors
la conversation suivante, rapportée dans un télégramme émanant de l'un de nos attachés militaires
à Londres, M. Bertier de Sauvigny [1] :

Au cours d'un entretien que j'ai eu hier, 15 février,
avec le lieutenant-colonel Hankey (secrétaire général
du War Committee), M. Lloyd George est entré dans
le bureau où nous étions et a pris part à notre conversation pendant deux heures.

Il m'a d'abord dit à nouveau combien avait été profonde l'impression produite sur le War Committee par
le général Nivelle. Pour ma part, a-t-il dit, j'ai entière
confiance en lui et la certitude la plus grande qu'il est
seul capable de mener les opérations à bonne fin cette
année. Mais, pour cela, il faut qu'il puisse disposer en
dernier ressort de toutes les troupes opérant sur le front
français, des nôtres comme des armées françaises...
Sans doute le prestige dont jouit le maréchal Haig sur
le peuple et l'armée anglaise ne permettra pas probable-

1. Rapport Bérenger.

ment de le subordonner purement et simplement au commandement français ; mais, si le War Committee reconnaît que cette mesure est indispensable, il n'hésitera pas à donner des instructions secrètes dans ce sens au maréchal Haig... Il faut que les deux Comités de guerre soient d'accord sur ce principe... La Conférence devrait avoir lieu le plus tôt possible ; car, bien que la date à laquelle les armées britanniques seront prêtes, soit, dès maintenant, retardée d'une quinzaine de jours en raison de la congestion des chemins de fer français, elle est cependant trop prochaine pour que nous ne prenions pas une décision au plus tôt ; je voudrais en conséquence voir fixer cette entrevue vers le 28 février.

A l'heure où M. Lloyd George parlait ainsi, le plan d'opérations du général Nivelle était arrêté de façon ferme. Il avait été résumé dès le 25 janvier dans une instruction qu'il est indispensable de reproduire, parce qu'elle montre l'idée directrice du Généralissime de 1917, analogue à celle du Maréchal de France de 1918. Transposée dans les conditions des moments où elle se développa, la manœuvre libératrice de Foch fut calquée presque exactement sur celle que Nivelle ne put poursuivre pour les causes qui vont être exposées. Nivelle lui-même entendait marcher sur la voie tracée par son prédécesseur. Tant il est vrai que pour les esprits supérieurs, les règles de la stratégie demeurent éternelles et semblables, que seuls des caractères affaiblis devant l'apparence des choses, subordonnent leurs décisions à des suggestions de méthodes dont eux-mêmes décrètent la valeur en justification de leur inertie.

Au G. Q. G., le 25 janvier 1917.

I

PLAN D'OPÉRATIONS POUR 1917.

1° *But à atteindre :*

Le but de l'offensive des armées alliées sur le front occidental en 1917 est la destruction des forces allemandes qui tiennent ce front.

Cette destruction sera réalisée quand les armées alliées auront obtenu les résultats suivants :

a) Rupture du front fortifié de l'ennemi ;

b) Mise hors de cause de ses disponibilités ;

c) Réoccupation, en forces, des pays envahis et mainmise sur les territoires allemands dont la possession nous est nécessaire pour pouvoir entamer utilement les négociations de paix.

2° *Idée directrice du plan d'opérations :*

L'idée directrice du plan d'opérations est fonction du but à atteindre, de la situation de notre front et des forces dont dispose l'ennemi.

L'examen de ces différents facteurs montre que l'offensive alliée doit comporter trois phases principales :

a) Une phase initiale, pendant laquelle seront fixées, sinon battues, le plus grand nombre possible de forces adverses ;

b) Une deuxième phase, caractérisée par l'entrée en ligne d'une masse destinée à « manœuvrer » les forces ennemies précédemment fixées, et à battre les disponibilités restantes de l'adversaire ;

c) Une phase d'exploitation et de poursuite, pendant laquelle les forces allemandes seront définitivement désorganisées et les objectifs stratégiques atteints.

3° Moyens :

Une fois le front de l'ennemi rompu, il s'agira de mettre hors de cause toutes ses disponibilités et d'exploiter ensuite avec toute la rapidité et toute la vigueur possible, les succès déjà obtenus.

L'effort combiné des armées britanniques et françaises ne peut atteindre son maximum de puissance que si les directions de leurs attaques les amènent, tous moyens réunis, dans une zone où elles puissent profiter de leur supériorité numérique et entamer sans retard la poursuite à grande envergure des armées ennemies battues.

La région entre Cambrai et l'Oise répond à ces conditions.

Les moyens à mettre en œuvre doivent donc comprendre :

a) Une offensive menée par les armées britanniques en direction générale de Cambrai, et une offensive menée par le G.A.N. en direction générale de Saint-Quentin, dans le but initial de fixer par une bataille de front le maximum de forces ennemies, puis de préparer la mise à exécution du plan d'exploitation ;

b) Une offensive menée par le principal groupe d'armées français, au delà de l'Aisne, en direction générale du Nord, dans le but de manœuvrer les forces ennemies fixées par l'attaque des armées britanniques et du G.A.N. puis de battre les disponibilités nouvelles que pourront amener les Allemands ;

c) Enfin, la reprise, ou la continuation de la bataille offensive par toutes les armées d'attaque, soutenues par toutes les disponibilités qui pourront être réunies (unités fraîches ou unités reconstituées), dans le but de précipiter la désorganisation et la défaite complètes de l'ennemi.

4° *Échelonnement des attaques dans le temps :*

L'ensemble de toutes ces attaques ne constitueront qu'une seule et même bataille, dans laquelle les armées britanniques et les armées françaises travailleront à tour de rôle au profit les unes des autres.

Ceci est évident dans les deuxième et troisième phases, au cours desquelles le gros des armées de l'Aisne facilitera la tâche du G.A.N. et des armées britanniques ; mais c'est également vrai pour l'exécution de la première phase de l'offensive, pendant laquelle la nécessité de fixer l'ennemi et de l'amener à diviser ses forces, conduit non seulement à attaquer en trois régions différentes et suffisamment espacées, mais encore à échelonner les différentes attaques dans le temps.

Cette manière de faire présente en outre l'avantage de donner à l'offensive alliée une forme que n'ont pas revêtue nos attaques de 1915 et de 1916.

Les attaques des armées britanniques et du G.A.N. devront être exécutées avant celle de l'Aisne, de manière que celle-ci ne rencontre, au début, qu'un minimum de forces, et puisse progresser rapidement sur les derrières de l'ennemi.

Mais il y a en outre à échelonner quelque peu les attaques britanniques par rapport à celle du G.A.N. Celle-ci est en effet directement conjuguée avec l'attaque du principal groupe d'armées français ; pour que la masse de manœuvre engagée au delà de l'Aisne puisse faire sentir son action dans le plus bref délai, il faut que les Ire et IIIe armées françaises aient elles-mêmes suffisamment progressé en direction de La Fère et de Ham.

L'offensive préalable des armées britanniques, d'ailleurs plus puissante que celle du G.A.N., et bénéficiant d'une disposition particulièrement favorable du front, est précisément de nature à faciliter l'exécution initiale de l'attaque entre l'Oise et l'Avre ; les armées britanniques devront donc déclencher leur offensive quatre ou cinq jours avant cette dernière.

II

MISSION DES ARMÉES BRITANNIQUES.

La mission générale des armées britanniques et leur premier objectif stratégique, ont été indiqués au chapitre précédent.

Il s'agit pour elles :

Dans la première phase, de rompre le front ennemi sur la plus grande étendue possible, afin de fixer le maximum des forces ennemies et de progresser aussi vite et aussi loin qu'elles le pourront en direction de Cambrai.

Dans la deuxième phase, de continuer la bataille engagée, dans une force qui dépendra forcément des premiers résultats obtenus et de préparer l'entrée en ligne pour la troisième phase, de toutes leurs disponibilités.

Dans la troisième phase, d'atteindre d'abord la région de Cambrai afin de se relier sur le Haut-Escaut, avec le G.A.N., qui opérera dans la région de Saint-Quentin, puis d'entreprendre, de concert avec les armées française et belge, la réoccupation de la Belgique.

Première phase. — Pour exécuter la première partie de leur mission, les armées britanniques peuvent bénéficier du saillant que forment les lignes allemandes entre Arras et Bapaume. Cette disposition leur permet de rechercher la rupture du front ennemi par l'exécution de deux attaques simultanées, exécutées l'une sur le front compris entre la Scarpe et la région de Ransart, l'autre à cheval sur l'Ancre.

L'attaque du nord serait menée suivant l'axe Agny-

Croisilles. Cette attaque, exécutée sur un terrain nouveau, et suivant une direction particulièrement dangereuse pour l'ennemi, comporterait l'application d'au moins les trois cinquièmes des D.I., consacrées à l'offensive initiale.

La protection de son flanc gauche contre le tir de l'artillerie ennemie établie au nord de la Scarpe serait assurée par un groupement spécial de contre-batteries.

L'attaque du sud serait exécutée en direction d'Achiet-le-Grand et Sapignies, avec les deux cinquièmes environ des grandes unités disponibles pour la première phase de la bataille.

L'une et l'autre attaques viseraient, du premier coup, la conquête de toute la zone occupée par l'artillerie ennemie, et seraient suivies par l'engagement immédiat des réserves au delà des brèches créées dans le dispositif ennemi.

L'objectif à atteindre pendant la première phase de la bataille serait, au minimum, le front Tilloy-Bapaume, dont l'occupation rapide amènerait soit la destruction, soit la retraite précipitée de toutes les forces ennemies occupant le saillant entre Ancre et Scarpe, et permettrait en outre aux armées britanniques de récupérer les D.I. maintenues en face des parties sud et ouest de ce saillant.

Deuxième phase. — Si cette première série d'opérations réussissait dans des conditions de temps qui permettent de la développer par une exploitation étendue, les forces britanniques prendraient comme objectif : Cambrai, en s'efforçant de se saisir rapidement des principales communications de l'adversaire et de dégager largement les voies ferrées d'Albert-Arras, de Bapaume et de Croisilles, en vue de leur utilisation immédiate.

Si, au contraire, l'ennemi réunissait en temps utile des disponibilités suffisantes pour entraver le développement de leur action, les armées britanniques l'obligeraient par la continuité et l'intensité de leurs attaques, à déployer contre elles, le maximum des moyens.

Pendant ce temps, toutes les réserves des armées britanniques seraient amenées en arrière du front de bataille en vue de collaborer avec toute la puissance possible à la phase d'exploitation qui suivra l'entrée en ligne des armées françaises de l'Aisne.

Troisième phase (Exploitation). — La bataille engagée sur l'Aisne doit amener la mise hors de cause des disponibilités restantes de l'ennemi ; en outre, la présence d'une masse de manœuvre en arrière de son front, et menaçant directement ses lignes de communication, obligera vraisemblablement l'adversaire à replier ses forces dans toute la région comprise entre l'Aisne et la Scarpe.

Les armées britanniques mettront en œuvre toutes leurs ressources, de concert avec le G.A.N. et l'armée belge, pour profiter de la désorganisation des armées allemandes et précipiter leur retraite.

Le G.A.N. a reçu pour mission de marcher tout d'abord sur Saint-Quentin et La Fère, en liaison avec le Groupe d'armées de l'Aisne dont l'armée de gauche débouchera de la région de Laon ; il opérera ensuite au sud de la Sambre.

Les armées britanniques poursuivront tout d'abord leur offensive en direction de Cambrai, en se couvrant face au Nord sur la Scarpe, et en se reliant vers le Catelet aux éléments de gauche du G.A.N. ; leur zone d'exploitation s'étendra au nord de la Scarpe, leur axe de marche étant la ligne Cambrai-Valenciennes-Mons-Louvain.

L'armée belge, de son côté, se porte sur Bruges et Gand encadrée par les éléments français et britanniques maintenus à ses ailes.

Emploi de la cavalerie britannique.

Les D. C. britanniques trouveront leur emploi le plus efficace sur le front des armées d'attaque britanniques, dès la première phase de la bataille, si la rupture du front ennemi entre Arras et Bapaume peut être effectuée suffisamment rapidement et si les disponibilités sont engagées en temps utile pour exploiter immédiatement ce premier succès.

Dans le cas contraire, il paraît avantageux de prévoir le transport de trois d'entre elles par voie ferrée, vers la région de l'Aisne, en vue de coopérer, de concert avec les D.C. françaises, à l'exploitation de la bataille décisive.

Ces trois D.C. britanniques seraient employées à l'aile gauche des forces françaises, de manière à leur permettre de se retrouver le plus tôt possible au contact des armées britanniques.

III

DATE DES ATTAQUES.

Les attaques des armées britanniques sur le front Sud et à cheval sur l'Ancre devront être déclenchées vers le 15 mars.

L'attaque du G.A.N. sera exécutée quatre ou cinq jours après, et sera suivie elle-même à bref délai par l'attaque des armées de l'Aisne.

CHAPITRE IV

LA CONFÉRENCE DE CALAIS (26 février 1917).

La conférence demandée par le Premier Ministre britannique en vue de l'unité de commandement, fut réunie à Calais les 26-27 février 1917. Y assistaient :

a) Du côté anglais : MM. Lloyd George, maréchal Haig, généraux Robertson et Geddes.

b) Du côté français : MM. Briand, Claveille, général Lyautey, ministre de la Guerre, généraux Nivelle et Ragueneau, divers chefs de services.

Cette conférence donna lieu à un accord, signé des deux chefs de gouvernement (lesquels avaient déclaré être munis des pleins pouvoirs des Conseils des Ministres), et des deux commandants en chef. L'accord intervenu fut aussitôt homologué dans une Convention dont le texte ne laissait place à aucune ambiguïté, puisqu'en fait il instituait le général Nivelle directeur général de la campagne de 1917 :

Le Comité de guerre français et le Cabinet de guerre britannique approuvent le plan d'opérations sur le front occidental tel qu'il leur a été exposé le 26 février 1917 par le général Nivelle et le maréchal Sir Douglas Haig.

Afin d'assurer complètement l'unité de commandement pendant les opérations prochaines sur le front occidental, le Cabinet de guerre britannique et le Cabinet de guerre français ont arrêté d'un commun accord ce qui suit :

I. — Attendu que l'objet essentiel des opérations prochaines sur le théâtre occidental de la guerre est de chasser l'ennemi du territoire français, et attendu que l'armée française dispose d'effectifs plus considérables que l'armée britannique, le Cabinet de guerre britannique reconnaît que la direction générale de la campagne doit appartenir au commandant en chef de l'armée française.

II. — Dans ce but, le Cabinet de guerre britannique s'engage à donner au maréchal commandant l'armée expéditionnaire britannique l'instruction de mettre son projet d'opérations en accord avec le plan stratégique d'ensemble du commandant en chef de l'armée française.

III. — Pour la période comprise entre la signature de la présente Convention et le début des opérations, le Cabinet de guerre britannique s'engage de plus à donner au Maréchal commandant l'armée expéditionnaire britannique, l'ordre de se conformer aux vues du commandant en chef de l'armée française, sauf au cas où il estimerait qu'en s'y conformant il compromettrait la sécurité de son armée. Dans le cas où le maréchal Sir Douglas Haig se croirait tenu, pour ce motif, de s'écarter des instructions du général Nivelle, il devrait adresser un rapport sur l'attitude qu'il a prise et les raisons qui l'y ont déterminé, au chef de l'état-major général impérial pour être communiqué au Cabinet de guerre britannique.

IV. — Le Cabinet de guerre britannique s'engage de plus à donner au Maréchal commandant l'armée expéditionnaire britannique les instructions suivantes :

A partir de la date à laquelle commenceront les opérations prochaines sur le front occidental, et jusqu'au moment où ces opérations seront terminées, il devra exécuter les ordres donnés par le commandant en chef de l'armée française en tout ce qui concerne la conduite des opérations, étant bien convenu que le commandant des armées anglaises sera laissé libre de choisir les moyens à employer et la manière d'utiliser ses troupes dans la zone d'opérations qui lui a été attribuée par le commandant en chef de l'armée française dans le plan primitif d'opérations.

V. — Le Cabinet de guerre britannique et le Gouvernement français, chacun en ce qui concerne sa propre armée, restent juges de la date à laquelle seront considérées comme terminées les opérations. A ce moment, les arrangements en vigueur avant le début de cette période reprendront leur plein effet.

*
* *

Aussitôt cet accord arrêté, le général Nivelle rappela au maréchal Haig son rôle dans l'offensive générale, en l'invitant à se tenir prêt pour le 8 avril :

Au G.Q.G., le 27 février 1917.

Monsieur le Maréchal,

En exécution des conclusions de la Convention du 27 février 1917, j'ai l'honneur de porter à votre connaissance les points suivants :

1° *Plan d'opérations*. — Je vous confirme le plan général des opérations offensives à exécuter en 1917 par les armées franco-britanniques qui est celui que je vous ai exposé précédemment, et dont les points plus immédiatement essentiels, en ce qui vous concerne, sont les suivants :

a) Le premier objectif des armées britanniques est Cambrai.

b) La date à laquelle vos armées devront être prêtes à déclencher leurs attaques est le 8 avril (date de l'assaut d'infanterie).

Je vous serais reconnaissant, en conséquence, de me communiquer le plus tôt possible les instructions que vous avez données à vos commandants d'armée, ainsi que les dispositions qui ont été prises par eux en exécution de vos ordres.

Dans le cas où, par suite de l'attitude actuelle de l'ennemi en Picardie et en Artois, il serait opportun de modifier soit les ordres donnés, soit la répartition des forces entre les armées intéressées, je vous demande de vouloir bien me faire savoir comment vous envisagez la question.

2° *Transports*. — Je vous confirme que le maximum des moyens de transport qui pourront être affectés à vos armées est celui qu'a indiqué le général Ragueneau dans la Conférence du 27 février.

Il vous appartiendra en conséquence de faire cadrer les besoins de vos armées avec ces moyens et de répartir les ressources dont vous disposerez de manière que votre offensive puisse s'exécuter dans les conditions prévues à partir de la date fixée.

Je tiens à ce sujet à vous répéter que ces moyens, bien qu'inférieurs à ceux que vous avez demandés, sont très notablement supérieurs à ceux que j'affecte aux armées d'attaque françaises, toutes choses égales d'ailleurs.

La participation de l'armée britannique, non seulement en matériel roulant, mais encore en personnel de construction et d'exploitation, doit être progressivement développée de manière à permettre le retrait, par étapes successives, du personnel correspondant français, et de telle sorte qu'en tous cas, l'armée britannique soit en mesure d'assurer par ses propres moyens ses transports de toute nature, au delà de la ligne Lille-Maubeuge.

3° *Organisation de la Mission anglaise auprès de mon G. Q. G.* — Ainsi que je vous l'ai indiqué verbalement, et que cela a été expressément entendu à la dernière séance de la conférence de Calais, j'estime indispensable de donner sans aucun retard à cette mission l'importance et les moyens d'action proportionnés au rôle qu'elle doit jouer dorénavant.

Je vous demande donc de mettre à la tête de cette mission le général Wilson dès qu'il sera de retour de Russie.

En attendant qu'il puisse prendre ses fonctions, je vous serais reconnaissant de détacher momentanément auprès de moi le général Davidson, si toutefois vous estimez que sa présence à votre État-Major général n'est pas indispensable. Dans ce dernier cas, je vous demanderai de désigner un autre officier général susceptible d'occuper provisoirement ces fonctions.

Je vous demande en outre de mettre à la disposition du chef de la Mission anglaise :

a) Le général Clive, qui sera spécialement chargé de traiter les questions d'opérations ;

b) Un officier général qualifié pour assurer la liaison permanente entre la D.A. française et vos services similaires (Quarter Master General et Directeur des Transports);

c) Des officiers de liaison dépendant des officiers généraux précités et dans la proportion où le chef de Mission le jugera nécessaire.

Signé : R. Nivelle.

Mais, à l'heure même où le maréchal Haig recevait cette instruction, un événement d'une importance considérable se produisait sur le théâtre de la guerre.

CHAPITRE V

LE REPLI ALLEMAND ET LA CONFÉRENCE
DE LONDRES

En effet, le 1er mars, la fameuse et « géniale » retraite du maréchal von Hindenburg était amorcée par le repli des forces allemandes sur l'Ancre, devant le front de la 5e armée britannique. L'offensive prévue de cette dernière armée était, il est vrai, secondaire ; elle n'en faisait pas moins partie intégrante du plan général. Et si l'étendue du mouvement rétrograde de l'ennemi, n'étant déterminée par aucun indice probant, restait encore dans le domaine des hypothèses, la manœuvre éventuelle que ce mouvement pouvait révéler, était susceptible d'apporter de sérieuses modifications au plan de l'offensive.

Aussitôt, saisissant l'initiative, le maréchal Haig, le 2 mars, adressa à son Comité de guerre, une note qui remettait tout en question, et dont le double fut envoyé en même temps au Généralissime français. Dans cette note étaient examinées, au point de vue des armées britanniques, les diverses conséquences d'une ample retraite allemande, considérée comme la préface d'une attaque générale conçue par Hindenburg. La conclusion en était que, tout en poussant les préparations offensives entamées par les Alliés avec toute la puissance des ressources restantes, « une certaine réduction de ces préparations ou un supplément de délai pour leur achèvement apparaissait indispensable ». Même, « il pourrait devenir nécessaire d'abandonner l'offensive projetée, si le développement de la situation lui devenait peu favorable ». Le maréchal Haig, comme toujours, exprimait en particulier des craintes pour la sécurité de son aile gauche, tenue dans les Flandres par sa 2e armée, et il manifestait l'intention de renforcer celle-ci aux dépens du front de la future offensive.

Sitôt reçue cette note, le général Nivelle estima qu'elle devait être portée à la connaissance du Comité de guerre français. Puis, sans tarder, M. Briand adressa à M. Lloyd George un télégramme, dont les termes expressifs et le ton légèrement impatient fournissent la plus complète justification historique sur l'existence des oppositions formulées par le commandement anglais aux instructions du commandement français en cette période de la guerre. Déjà quelques éclos de cette mésintelligence inquiétaient l'opinion publique.

6 mars 1917.

TÉLÉGRAMME DE M. BRIAND A M. LLOYD GEORGE.

Le général Nivelle vient de communiquer au Comité de guerre français le memorandum du 2 mars adressé par le maréchal Haig au général Robertson. Ce document donne lieu, de la part du Comité de guerre français, aux remarques suivantes :

Le 27 février, immédiatement après la conférence de Calais, le général Nivelle adressait au maréchal Haig une lettre qui lui parvenait le même jour et dans laquelle :

1° Il lui confirmait le plan d'opérations et la date des offensives ;

2° Il lui demandait communication des ordres donnés aux armées britanniques ;

3° Il lui demandait la constitution de l'état-major de la mission anglaise, dont la création avait été décidée à la deuxième séance de la Conférence de Calais.

Six jours après, le 4 mars, le maréchal Haig répondait par une lettre où il se borne à indiquer :

1° Sa manière de voir au sujet du repli allemand sur l'Ancre ;

2° Ses craintes hypothétiques au sujet d'une attaque allemande en Flandres ;

3° Ses doutes sur l'utilité de la mission à organiser au G. Q. G. français, et sur la possibilité d'être en mesure d'attaquer à la date fixée.

A cette lettre était jointe copie de la note adressée par lui au général Robertson pour être soumise au War Committee.

De cette note résultent :

1° Le parti pris de ne pas accepter les décisions de la Conférence de Calais ;

2° La tendance, toujours renouvelée, à remettre en question le plan d'opérations accepté par la Conférence où siégeaient les chefs des Gouvernements anglais et français, munis des pleins pouvoirs des deux gouvernements et de leurs comités de guerre, tendance d'autant plus dangereuse que l'époque des offensives est plus rapprochée ;

3° Une tendance caractérisée à renoncer à prendre l'initiative des opérations, manifestée par l'éloge de tout ce que peuvent faire ou projeter les Allemands, sans songer un instant que nous puissions bénéficier des mêmes avantages. Par exemple : 1er alinéa du § A, 1er alinéa du § B, tout le § D, enfin tout le § F qui envisage, au dernier alinéa, la réduction de la coopération britannique et même l'abandon du plan.

L'esprit général de ce document indique des tendances opposées à l'offensive.

Le projet prêté aux Allemands d'attaquer dans le Nord est possible, mais ne repose sur aucun fondement certain ; on peut du reste faire de nombreuses hypothèses du même genre sur tous les points du front : Reims, Soissons, Champagne, Lorraine, Alsace.

Il n'existe qu'un seul fait réel, qui existait déjà lors des décisions de Calais, c'est le repli sur l'Ancre.

Le général Nivelle a décidé en conséquence :

1° Qu'aucun changement ne serait apporté, à moins de nouveaux événements, au plan général d'opérations ;

2° Que seule, l'attaque secondaire de l'Ancre, dont le but est en partie atteint, était supprimée, créant ainsi une disponibilité de six divisions environ qui seront laissées, pour le moment, à la disposition du maréchal Haig.

La suppression de cette attaque est de nature à renforcer l'attaque d'Arras et à activer sa préparation, puisqu'il n'y a plus à approvisionner en matériel et munitions qu'un seul front d'attaque.

Les tendances répétées du maréchal Haig à se dérober aux instructions qui lui sont données, à remettre sans cesse en question l'offensive elle-même, le plan d'opérations, et cela à un moment si voisin de l'exécution, rendraient illusoire la coopération des forces britanniques et impossible l'exercice d'un commandement unique.

En conséquence, le maréchal Haig doit être mis en demeure de se conformer, sans aucun retard, aux décisions de la Conférence de Calais et aux instructions qui lui sont données par le général Nivelle.

Il importe, d'autre part, que le général Nivelle dispose au plus tôt d'un intermédiaire qualifié entre lui et les armées anglaises pour être renseigné sur les possibilités de ces armées et leur communiquer ses directives. Le Comité de guerre français insiste pour que le général Wilson, qui a déjà rempli des fonctions analogues au début de la campagne, soit désigné dans ce but.

Au cas où le War Committee ne verrait pas la possibilité de remédier ainsi sans délai aux graves inconvénients signalés, il ne serait pas possible au commandant en chef français d'assurer l'unité des opérations sur le théâtre occidental, et le Gouvernement français ne pourrait que constater, à son grand regret, cette situation.

Sitôt touché par cette ferme dépêche, M. Lloyd George proposa la réunion à Londres d'une nouvelle conférence à laquelle, après quelque hésitation, M. Briand se résolut à consentir, en s'y faisant représenter par M. Ribot. Cette conférence tint deux séances, les 12 et 13 mars.

Un incident s'y produisit qui mérite d'être relaté, car il jette quelque lueur sur les causes des événements ultérieurs.

Lorsque l'accord fut établi, M. Ribot proposa que la parole fût donnée au général Nivelle pour l'exposition du plan général d'offensive. Sur quoi, M. Bonar Law, chancelier de l'Échiquier, demanda : « Mais, les généraux sont-ils d'accord ? M. le Commandant en chef, êtes-vous d'accord avec le Maréchal ? »

Les deux généraux ayant répondu affirmativement, M. Bonar Law trancha : « Alors, cela ne nous regarde pas ! »

Sans dissimuler sa surprise, M. Ribot protesta : « Mais, cependant, le Gouvernement a bien le droit de savoir..., etc. ! »

La proposition ne fut pas acceptée. Elle n'en indique pas moins la fatale disposition d'esprit dans laquelle le successeur de M. Briand présidera bientôt à la conduite de la guerre.

Or, à ce moment précis, la retraite générale allemande devant le front du groupe d'armées du Nord ne faisait plus aucun doute. Des rapports reçus à Londres même par le général Nivelle, il résultait que, dans la région de Lassigny, toutes les lignes allemandes étaient évacuées, tandis que, contrairement aux ordres donnés, aucune poursuite n'était encore entamée par nos troupes.

Aussi, le 13 mars au soir, le Généralissime français se hâta-t-il de rejoindre son quartier général, non sans avoir rédigé l'accord prévu par la dernière conférence, accord auquel le maréchal Haig donna son assentiment final dans les termes suivants :

J'accepte la convention ci-dessus, étant toutefois bien entendu que, si je suis parfaitement décidé à appliquer l'accord de Calais dans son esprit et dans sa lettre, l'armée britannique et son Commandant en chef seront considérés par le général Nivelle comme des alliés et non comme des subordonnés, sauf pendant les opérations particulières qu'il a exposées à la Conférence de Calais.

En outre, tout en acceptant la convention relative aux attributions de la Mission britannique auprès du G. Q. G. français, il doit être entendu que ces attributions seront sujettes aux modifications dont l'expérience fera ressortir la nécessité.

D. Haig.
F. M.

Mieux que tous commentaires, les réserves énoncées dans cette acceptation révèlent les difficultés auxquelles se heurta si longtemps l'idée simple et féconde de l'unité du commandement sur le front occidental. Pour réduire l'hostilité des grands chefs britanniques à une subordination stratégique, il faudra le désastre du 21 mars 1918, la destruction de la 5ᵉ armée britannique, la menace imminente de l'acculement à la mer pesant sur toutes les forces aux ordres du maréchal Sir Douglas Haig.

*
* *

Cependant, à peine arrivé à son quartier général, le 14 mars au matin, le général Nivelle donna l'ordre de poursuite sur tout le front de la retraite allemande. Cette poursuite, tardivement engagée par manque d'initiative, fut dès lors maintenue avec la plus grande énergie. Elle amènera nos troupes, le 4 avril, sur le front Saint-Quentin-La Fère.

Le repli des armées allemandes, exactement défini à la date du 15 mars, depuis l'Oise jusqu'au sud d'Arras, était-il de nature à provoquer une modification profonde dans le plan général de l'offensive? Telle était la question à ce moment posée aussi bien dans les états-majors que dans les conseils du gouvernement. Une importance exagérée était ainsi attachée au raccourcissement du front ennemi, grâce auquel, pensait-on, Hindenburg se créerait des disponibilités, soit pour passer à une vigoureuse offensive lors de notre installation sur des lignes nouvelles, soit pour porter ailleurs un violent coup de diversion.

Que de fois, au cours de cette longue guerre, n'a-t-on pas envisagé la recherche d'un raccourcissement du front comme celle d'un avantage assuré? Sans entrer dans la discussion d'un principe trop légèrement établi, on doit simplement remarquer que par sa manœuvre en arrière, l'état-major impérial n'obtenait qu'un raccourcissement peu appréciable dans une ligne de bataille étendue depuis la Mer du Nord jusqu'à la Suisse.

Aussi, contrairement à la plupart des hypothèses admises, le mouvement de retraite ne procura-t-il à Hindenburg aucune disponibilité. De Roye à Soissons, étaient stationnées six divisions ; nous retrouverons encore six divisions entre Saint-Quentin et l'Ailette.

Puis, le vide creusé était restreint à la partie centrale du théâtre, sur laquelle devaient se dérouler les attaques secondaires de la 5e armée britannique et du groupe d'armées du Nord. Nul doute d'autre part, ne pouvait être émis sur la résolution ancrée chez l'ennemi de conserver les positions du massif de Saint-Gobain, bastion médian de son dispositif total, ainsi que celles du Chemin des Dames, dont l'escarpe couvrait au loin les lignes de communications belges. De même, en dépit de certains indices, il n'était pas permis d'escompter l'abandon de la falaise de Vimy, barrière occidentale de la plaine de Douai.

En somme, la retraite allemande répondait à un but unique : la suppression d'un saillant curviligne, constituant l'une de ces poches, plus tard fatales aux armées impériales ; de telle manière que l'attaque générale alliée pût être reçue sur un front rigoureusement rectiligne, dont au surplus les secteurs nouveaux avaient été minutieusement organisés. Toutes les autres explications fournies à l'époque, tant par la presse alliée que par les journaux d'Outre-Rhin, peuvent être aujourd'hui considérées comme sans valeur. Hindenburg ne songeait pas à refuser une bataille qu'il savait devoir être livrée contre certaines positions essentielles dont l'évacuation ne s'offrit jamais à sa pensée. Il prétendait simplement recevoir le choc dans une attitude favorable, éviter en cas d'échec une retraite désastreuse. Par surcroît, espérait-il jeter le trouble dans les décisions des Alliés, surpris de voir se dérober le fer de l'adversaire, à l'instant précis où leur propre épée s'engageait ; et cet espoir hasardeux du maréchal allemand faillit, en effet, se réaliser.

Car, bien loin d'ajourner l'offensive préparée, la sagesse stratégique eût été de la précipiter. Eh quoi ! la retraite allemande avait donné, sans coup férir, tout ce qui légitimement pouvait être attendu des attaques secondaires. La 5e armée britannique avait pris paisiblement possession d'excellentes positions d'artillerie, dépassé des observatoires dont la conquête aurait coûté d'immenses sacrifices ; nos troupes étaient devenues maîtresses des passages de la rive droite de l'Oise jusqu'à La Fère, et touchaient aux faubourgs de Saint-Quentin, ayant obtenu par de seules marches des avantages la veille inespérés.

Bien plus, le front allemand s'était éloigné de Paris d'environ 50 kilomètres. Quand on se souvient de la menace immédiate qui jusqu'alors pesait sur la capitale, et aurait été maintenue pendant les hasards d'une grande bataille, il est difficile de comprendre les hésitations suscitées par les changements inattendus survenus entre Arras et Soissons.

Enfin, argument suprême en faveur d'un immédiat déclenchement de l'offensive : alors que leur retraite n'avait procuré à nos adversaires aucune économie de forces, nous étions en mesure de prélever sur le groupe d'armées du Nord, au bénéfice de l'attaque sur l'Aisne et en Champagne, seize divisions d'infanterie et une grande quantité d'artillerie approvisionnée. Ce groupe d'armées, en effet, était équipé pour l'offensive, avec vingt-six divisions. Ayant atteint ses objectifs sans combat, il pouvait provisoirement être réduit aux seules formations indispensables pour une défensive active, au centre de la bataille générale dont l'enjeu serait aux ailes.

Les divisions ainsi enlevées au général Franchet d'Espérey, constituèrent, au nombre de douze, une nouvelle armée de réserve ; et, pour le surplus, renforcèrent en Champagne le front de la IVe armée, ainsi considérablement élargi.

En tout état de cause, soit que l'ennemi fût décidé à tenir bon tant à Vimy que sur l'Ailette, soit que, malgré toutes invraisemblances, il préparât un repli de plus large envergure qui s'étendrait aux fronts des offensives principales, l'attaque brusquée s'imposait. Dans la première hypothèse. le plan arrêté bénéficiait à l'origine de son exécution des circonstances les plus favorables ; dans la seconde, les Allemands étaient surpris en flagrant délit de manœuvres et de déménagements. Déjà, par la libération d'une partie du territoire, nos troupes étaient enflammées d'une magnifique ardeur ; et pour la première fois depuis la bataille de la Marne, elles avaient couru aux traces d'une retraite allemande. L'heure était venue de les jeter hardiment, aux côtés de nos alliés britanniques, contre des envahisseurs trop longtemps incrustés au sol de la France.

Cent vingt ans plus tôt, Carnot l'eût compris, lui qui inlassablement répétait à ses généraux : « Attaquez, attaquez, soyez toujours attaquants ! »

Cependant, en ces heures fuyantes, néanmoins d'une importance telle que tout l'inconnu de l'avenir pouvait être en elles irrémédiablement fixé, le cabinet Briand, battu en brèche par des agitateurs de couloirs, cédait la place au cabinet Ribot. M. Painlevé recevait le portefeuille de la Guerre, que depuis longtemps il convoitait.

Un idéologue incompétent, dont la seule excuse résidera en une fondamentale inconscience, allait s'arroger le droit, non seulement de juger un vaste plan d'offensive, mais encore d'entraver ce plan de toute la puissance de ses critiques ; non seulement de distraire le généralissime de ses devoirs impérieux et pressants, mais encore de dresser contre lui l'animosité jalouse des lieutenants auxquels ce généralissime avait été préféré pour le commandement suprême. Contre l'homme chargé d'une tâche écrasante, seul responsable devant son pays et devant l'Histoire, se nouerait une conjuration secrète, sous le rideau de doctrines stratégiques prétendues nouvelles, conjuration d'autant plus digne de flétrissure qu'elle n'osera, devant l'opinion publique, pousser droit à son but, la substitution de la défensive stérile à l'offensive féconde. Elle agira par de seules manœuvres insidieuses dont l'aboutissement sera la mutinerie d'en bas succédant à l'anarchie d'en haut.

CHAPITRE VI

LE MINISTÈRE PAINLEVÉ ET LE CONSEIL
DE GUERRE DE COMPIÈGNE

Donc, le 21 mars 1917, M. Painlevé, d'une part adversaire des idées préconisées par Nivelle, idées qui furent celles de Joffre et seront celles de Foch, d'autre part partisan déterminé des méthodes temporisatrices à objectifs limités de Pétain, prenait possession du Ministère de la Guerre. Dès le lendemain, il convoquait le Généralissime et le pressentait sur la création d'un poste de chef de l'État-Major général auprès du ministre. Sans tarder, M. Painlevé cherchait ainsi à diminuer l'autorité du commandant en chef des armées françaises, pour ui imposer un supérieur réel qui, dans sa pensée, serait le général Pétain ; celui-ci, sous le couvert de la signature ministérielle, pourrait dès lors faire prévaloir ses méthodes.

Cependant, devant les observations du Président de la République, et M. Ribot réclamant du ministre de la guerre le maintien des relations cordiales avec le Généralissime sans empiétement sur ses attributions, la désignation du chef d'État-Major général fut ajournée. Provisoirement M. Painlevé se contenta de chercher ses inspirations auprès de celui qu'il n'osait encore substituer au vainqueur de Douaumont.

Pour la vérité historique, il est bon de noter qu'avant le 21 mars, le nouveau ministre de la guerre n'avait jamais eu d'entretiens avec le général Nivelle, et que son hostilité de principe était, dans le monde parlementaire, de notoriété publique.

Le 23 mars, quarante-huit heures après son installation rue Saint-Dominique, M. Painlevé ouvrait un dossier[1] *contre* l'offensive du printemps, offensive résolue cependant d'un commun accord par les Gouvernements de France et de Grande-Bretagne, confiée tout entière à la haute direction du Généralissime français. C'est là sans doute un fait unique dans les annales militaires et qui suffit à justifier toute sévérité.

Dès lors, la démoralisante campagne sera poursuivie sans relâche, sourde et perfide. Au commandant en chef lui-même, aucune objection sérieuse ne sera nettement formulée ; mais, derrière, les insinuations venimeuses feront leur œuvre. Elles s'adresseront surtout aux commandants des diverses armées, et ainsi saperont-elles leur confiance dans un succès dont au contraire les troupes, pleines d'ardeur, ne douteront pas. Ces généraux d'ailleurs, loyalement, informeront le généralissime des suggestions tantôt apportées à leurs quartiers généraux, tantôt développées en des conversations tenues à Paris, où ils étaient *secrètement* mandés.

---

1. Rapport de la Commission de l'Armée du Sénat, lu en Comité secret.

Pourtant, il est certain que ces suggestions impressionnèrent à leur insu certains des commandants d'armée, — et notamment le général Micheler, choisi par le général Nivelle lui-même comme le metteur en scène de la grande opération au nord de l'Aisne.

Bientôt le brave soldat qu'est Micheler perdra toute confiance en son chef et en lui-même. Pour avoir trop écouté des voix suspectes, il glissera vers une attitude ambiguë. Ainsi, dans une âme trop ouverte, le virus politicien peut-il distiller le plus morbide des poisons.

Alors, et de toutes parts des critiques provoquées commençant à se donner libre cours, l'écho des fatales discussions entre les chefs des armées ne tarda pas à parvenir jusqu'au Président de la République. Celui-ci pensa, de sa haute autorité, rétablir cet accord élémentaire de confiance et de discipline, sans lequel il n'est pas d'espoir de succès, et il proposa ainsi la réunion à Compiègne, d'une conférence qui, en réalité, serait un véritable conseil de guerre. Devant ce conseil serait, en effet, évoquée non seulement la modalité de l'offensive, mais l'utilité même de cette offensive, dont les canons anglais allaient pourtant, quelques heures plus tard, annoncer le déclenchement au monde.

En principe toute réunion de Conseil de guerre à la veille d'une bataille constitue une preuve de grave faiblesse dans un commandement, frappé d'irrésolution ; mais encore plus, la conférence de

Compiègne sera-t-elle viciée par la composition de ses membres. Y furent en effet convoqués et y prirent part, outre le Président de la République :

MM. Ribot, Président du Conseil, Ministre des Affaires Étrangères ;

Painlevé, Ministre de la Guerre ;

Lacaze, Ministre de la Marine ;

Albert Thomas, Ministre de l'Armement.

Généraux :

Nivelle, commandant en chef ;

De Castelnau, commandant de groupe d'armées ;

Franchet d'Espérey,   —

Pétain,   —

Micheler,   —

Or, que le Chef de l'État, le Président du Conseil, les Ministres militaires tiennent un suprême conseil autour du Généralissime, à la veille d'une offensive par laquelle peuvent être décidées les destinées du pays, on peut à la rigueur l'admettre. Bien qu'en l'espèce, après les engagements pris avec le Cabinet britannique, la question même de l'offensive ne dût pas être à nouveau soulevée et que l'examen de son développement fût depuis longtemps de la seule compétence du Commandant en chef. Mais, faire asseoir ce commandant en chef sur la sellette devant ses subordonnés, alors que toute son autorité indiscutée était indispensable au succès, que toutes ses pensées devaient être portées par delà les tranchées et les avant-postes, non vers de misérables discussions, c'était faire œuvre mauvaise, condamnée par l'expérience de l'histoire et les enseignements des maîtres de la guerre ; — c'était, par avance, affaiblir les ressorts de la victoire, qui sont trempés de la confiance aveugle, affirmée à tous les degrés de la hiérarchie, dans le Chef suprême !

Cependant, — M. le Président de la République ne pouvait l'ignorer, — il ne s'agissait pas moins, à Compiègne, que de tout remettre en question : non seulement la manière de l'offensive, mais cette offensive elle-même. Le Ministre de la guerre ne cachait pas ses intentions, depuis le jour où dans son cabinet avait été dressé cet incroyable instrument d'obstruction au Généralissime : le dossier contre l'offensive ! — Et pour atteindre à son but, le Ministre de la guerre ne craignait pas d'opposer à ce Généralissime ses propres lieutenants, plus ou moins ébranlés par des sophismes présentés au nom de doctrines inédites de stratégie. M. Painlevé n'espérait-il pas que les commandants de groupes d'armées manifesteraient leurs inquiétudes sur la possibilité de la victoire, — que le Gouvernement se rallierait à ses propres conceptions, — qu'en conséquence la grande offensive préparée serait abandonnée ? Alors et ultérieurement, le commandement serait dévolu au général Pétain, dont la méthode temporisatrice, prudente, avait séduit au Parlement un certain nombre d'esprits timorés, de tous temps envasés aux mares de leurs circonscriptions.

Le 6 avril, ministres et généraux se réunirent donc à Compiègne, dans le wagon-salon du Président de la République. Avant l'ouverture de la séance, les généraux Pont, major-général des armées, et Hallouin, de l'état-major de l'armée, ce dernier venu avec le ministre, furent invités à se retirer. Par suite, aucun procès-verbal ne fut établi d'une délibération destinée à devenir historique, et ce au juste étonnement, manifesté plus tard, de la Commission sénatoriale de l'armée [1]. Si, d'après des déclarations officielles, la diplomatie future devait cesser d'être secrète, en attendant ce jour qui sans doute ne luira jamais, parce que sa clarté est contraire à l'ordre de la nature humaine, les délibérations militaires au milieu desquelles se jouait tout l'avenir de la France, étaient destinées à rester pour jamais enveloppées d'ombre et de mystère !

Cependant, d'après les témoignages divers des assistants, les paroles prononcées à Compiègne ont été reconstituées, sinon dans leur texte même, du moins dans leur essence. Et les incidents auxquels ces paroles ont donné lieu peuvent être exposés dans leur vérité intégrale.

1. Rapport Bérenger.

*
* *

Aussitôt la séance ouverte, la parole fut prise par le Ministre de la guerre. Celui-ci, sans autre préambule, exposa les inquiétudes dont il avait constaté l'existence dans l'esprit de certains membres du Parlement et du Gouvernement au sujet de l'offensive. « Nos pertes antérieures, l'état de nos effectifs conseillent la prudence ; la réflexion s'impose devant les forces considérables rassemblées par l'ennemi en arrière de son front.

« Des facteurs nouveaux sont intervenus : la révolution russe, l'entrée en ligne de l'Amérique. La première ne permet guère de compter sur un concours prochain de nos Alliés d'Orient ; la seconde ne produira son effet que dans un délai éloigné.

« Est-il donc opportun, dans ces conditions, d'engager des opérations d'aussi grande envergure, de jouer le sort de la guerre sur un coup de dé ?... Il y a de graves responsabilités engagées... ! etc., etc. »

Le Président de la République ayant ensuite donné la parole au général Nivelle, celui-ci débuta de la manière suivante :

« Tout d'abord, je remercie M. le Ministre de la guerre d'avoir parlé des responsabilités. Je n'ignore pas, en effet, que tout récemment M. le Ministre devait, par lettre, me mettre en demeure d'endosser la responsabilité entière de l'offensive ; pourtant, je ne ferai pas état de cette lettre, parce que je ne l'ai pas reçue et que son existence m'a été révélée officieusement [1].

« Je n'y fais allusion que pour indiquer, par le fait seul de sa rédaction, antérieure aux paroles à l'instant prononcées, l'erreur généralement commise dans la position des responsabilités.

« Je déclare être prêt à assumer toute la responsabilité présente, à en prendre de plus lourdes encore si l'intérêt du pays l'exige ; mais, en ce qui concerne le passé, il est essentiel d'établir l'ensemble des responsabilités respectives.

« Les directives pour la conduite de la guerre en 1917 ont été arrêtées dans les conférences successives de :

Chantilly, 12 novembre 1916 ;
Londres, 15 janvier 1917 ;
Calais, 26-27 février 1917 ;
Londres, 13-14 mars.

« Les décisions irrévocablement prises ont fait pour les deux commandants en chef alliés une obligation d'être prêts à entamer les opérations le plus tôt possible, et au généralissime français investi de la haute direction de la campagne sur le front occidental, à porter avant le 1er avril toutes les forces franco-britanniques à l'attaque.

---

1. Deux membres du Cabinet avaient prévenu le général Nivelle de l'existence de cette lettre, dont ils avaient dissuadé l'envoi.

« Pas une seule fois, depuis ma prise de commandement, je ne me suis trouvé en contact avec le Comité de guerre sans qu'on m'ait répété de me hâter, sans quoi, je serais devancé par les Allemands[1]. »

Le général Nivelle ajouta :

« Le Commandant en chef, ainsi lié par ces directives, n'a plus la liberté de renoncer à l'offensive. Si le Gouvernement estime que des facteurs nouveaux, tels que la Révolution russe et l'intervention américaine, sont de nature à modifier les directives données, qu'il le dise en prenant ses

---

1. A l'appui de cette affirmation du général Nivelle, il est utile de reproduire un extrait d'un rapport établi par MM. Viollette et Albert Favre, lu le 1er mars 1917 à la Commission de l'armée :

« Nous avons eu la préoccupation, disaient ces députés, de nous rendre dans les armées susceptibles de prendre part aux prochaines opérations probables, afin de nous rendre compte de la disposition d'esprit des chefs et de la façon dont ils apprécient l'effort à fournir. Bien entendu nous n'avons pas oublié de voir le Général en Chef et d'avoir avec lui la conversation nécessaire.

« Il y a d'abord une conviction, qui paraît unanimement partagée aujourd'hui, aussi bien par le Général en Chef que par ceux qui sont les exécutants vraisemblables de demain. Cette conviction, *c'est qu'il n'y a plus de front inviolable et que le front sera crevé par qui le voudra, à condition d'y mettre le prix.*

« TOUS LES GÉNÉRAUX — NOUS Y INSISTONS — QUE NOUS AVONS VUS, NIVELLE, FAYOLLE, MANGIN, MICHELER ET PÉTAIN, SONT UNANIMES SUR CE POINT. »

Et, dans son rapport du 17 juillet suivant, M. Béranger remarquera que « cette déclaration de MM. Viollette et A. Favre est d'autant plus grave qu'elle engage le général Pétain, auquel cependant ont été prêtées des objections contraires, purement verbales, elles aussi ».

responsabilités ! — Si le Comité de guerre me prescrit soit de me maintenir sur la défensive, soit d'ajourner l'offensive, ou bien j'obéirai, ou bien si les directives nouvelles m'apparaissent inacceptables au point de vue militaire, je donnerai ma démission de Commandant en chef. Mais, comme on le sait, je n'ai pas dans mes attributions la « conduite générale de la guerre » que se sont réservée le Gouvernement et le Comité de guerre. Étant en présence d'instructions formelles, je ne puis m'écarter d'elles aussi longtemps que d'autres ne m'auront pas été signifiées. »

A ce moment, M. Ribot, président du Conseil, qui déjà avait présenté quelques signes d'agitation, s'écria en frappant du poing sur la table : « L'offensive !... L'offensive !... Toujours la défensive conduit à la défaite. » Vérité éternelle, mais dont la seule valeur réside dans l'énergie morale de celui qui la proclame.

Alors, le Ministre de la guerre reprit la parole. Après avoir posé diverses questions sur l'importance et la forme de l'offensive, il développa sa théorie favorite, à savoir qu'il était angoissant de jouer son va-tout, de jeter l'ensemble de ses forces sur un coup de dé. M. Painlevé ignorait sans doute que les grands triomphes par lesquels furent abrégées les guerres dans l'économie du sang, des deuils et des ruines, comportèrent toujours de grands risques ; il n'était, certes, pas de l'école d'un Danton !

Puis le ministre désira que fût exposé le développement de la bataille, tel qu'il était compris par le Général en chef. Celui-ci, mis ainsi à la question devant ses subordonnés, exprima les hautes pensées, qui sont celles des véritables hommes de guerre de tous les temps.

« Mobiliser toutes ses forces, les avoir sous la main prêtes à intervenir ne veut pas dire qu'inconsidérément et d'un seul coup, l'intégralité de ces forces seront jetées dans la bataille. Jamais un chef digne de ce nom n'a joué une partie sur un seul coup de dé; mais pour pouvoir diriger à son gré une bataille, imposer à l'ennemi sa volonté, exploiter la victoire ou parer à un insuccès, toutes les forces disponibles doivent être mises sous sa main.

« Dans les grandes offensives antérieures, en Artois, en Champagne, en Picardie, des résultats importants ont été obtenus; la percée même, dit-on, fut parfois réalisée. Mais, l'exploitation des résultats n'ayant pas été prévue, dans le maintien à grande distance des réserves, les sacrifices consentis demeurèrent inutiles.

« Un général ne saurait concevoir une bataille dont le succès et l'exploitation seraient à l'avance limités dans sa pensée ; toutes les leçons de l'histoire s'élèvent contre une semblable erreur. *Il n'y a pas de demi-bataille.* Quand on se résout à livrer bataille, il faut le faire à bon escient, avec au moins 70 % de chances de gain, selon le précepte de Napoléon. Mais il est évident qu'un risque est toujours couru. »

A ce moment, invité à donner son opinion sur ces principes, le général de Castelnau déclara qu'aucun doute ne pouvait surgir touchant leur exactitude, et que toujours une bataille engagée devait être poussée à fond.

Le général Nivelle reprit :

« Si les directives données au Commandant en chef pour la campagne de 1917 prescrivent l'offensive, c'est que les gouvernements alliés ont estimé, avec raison, que le moment et les circonstances étaient propices à tous points de vue, stratégique, tactique et moral.

« Quelle est, au point de vue stratégique, la situation des Alliés ?

« La Russie est dans l'anarchie ; mais elle retient encore sur son front les trois quarts de l'armée autrichienne et un tiers de l'armée allemande. Peut-on assurer que dans quelques mois elle n'aura pas conclu une paix séparée, ou ne sera pas tombée dans un tel degré d'affaissement militaire que la majeure partie des forces ennemies d'Orient sera rendue disponible pour les fronts d'Occident ?

« Si la situation en Russie doit s'améliorer, cette modification désirable se réalisera d'autant mieux que notre offensive attirera vers nous les moyens disponibles de l'Allemagne et de l'Autriche. Ainsi révolution et armée russe auront le temps de se ressaisir.

« Lointaine se présente la collaboration de

l'Amérique. Ses effets ne peuvent être escomptés que pour le courant de 1918. Les attendre, c'est renoncer à toute chance de finir la guerre en 1917, accumuler des dépenses formidables et croissantes, de plus courir tous les risques provenant de l'initiative d'un adversaire encore puissant qui gardera les mains libres.

« D'autre part, l'offensive italienne en 1917 dépend entièrement de l'offensive franco-anglaise. Menacé au Trentin, où il a accumulé des troupes et de l'artillerie détournées du Carso, le général Cadorna ne distraira du front des Alpes aucun canon, aucun fantassin, aussi longtemps qu'il n'aura pas acquis l'assurance que toutes les forces allemandes sont fixées en France, et en Belgique [1].

« La Russie et l'Italie rendent au moment actuel le maximum de services que l'on puisse attendre d'elles. »

Puis le général Nivelle, avec une logique irréfutable, montra le péril que courraient les Alliés en se laissant devancer par l'ennemi dans les opérations du printemps. Plus de 40 divisions, puisque 43 avaient déjà été nettement identifiées, étaient en attente derrière le front allemand, 9 autres les rejoindraient à brève échéance ; nos généraux ne

---

1. En effet, le Commandant en chef italien attendit pour préparer son offensive de 1917 sur le Carso, qu'il eût reçu avis du général Nivelle, le 20 avril, de la réduction à 16 des 52 divisions allemandes disponibles en France dans les premiers jours d'avril, réduction obtenue par la bataille franco-britannique.

cachaient pas leur appréhension d'avoir à soutenir une attaque prochaine, dont l'envergure pourrait déjouer tous les plans établis.

Il y avait là une possibilité dont les conséquences seraient incalculables. Chaque jour perdu augmentait l'importance d'un risque bien supérieur à celui de l'offensive immédiate.

Au point de vue tactique, les Alliés avec cent divisions d'attaque, bénéficiaient d'une supériorité numérique considérable; mais cette supériorité était d'apparence éphémère; d'une part, l'état-major allemand hâtait la création de 22 divisions nouvelles; d'autre part, devant l'impuissance russe, il commençait à ramener en France des divisions prélevées au front oriental.

D'une manière générale, et pour de longs mois, la balance des forces, dans ses oscillations, pencherait bientôt à l'avantage des empires centraux, jusqu'aux jours encore imprécis où la Révolution russe aurait réorganisé ses armées, — si elle en était capable, — et où l'Amérique aurait amené de sérieux contingents en Europe, — si la guerre sous-marine et la pénurie de tonnage ne mettaient pas d'obstacles au transport de troupes nombreuses.

Enfin, l'urgence de l'offensive s'imposait, afin de ne pas tomber éventuellement dans le vide que créerait une extension de la retraite ennemie sur les fronts d'Artois et de Champagne. Certains indices en effet permettaient d'admettre chez le maréchal von Hindenburg l'intention d'esquiver la bataille par un mouvement rétractile de ses ailes et de rendre ainsi inutiles tous les préparatifs alliés, disposés à pied d'œuvre. Un changement de position n'implique pas la défaite ; celle-ci n'est réalisée que par la destruction ou tout au moins la désorganisation des forces actives.

« Quant à la forme même de la bataille, remarqua encore le Commandant en chef, nul ne peut la préjuger. Un général sait comment il engage une bataille ; mais sitôt la lutte entamée, deux volontés contraires sont aux prises, et la forme de la bataille n'est autre que la résultante de ces deux volontés opposées. En tous cas, le but de la bataille n'est pas de conquérir telle ou telle position fortifiée [1], d'atteindre tel objectif géographique, mais de battre et, si possible, de détruire l'armée ennemie. Suivant donc que l'ennemi se décidera à livrer bataille sur ses premières lignes ou qu'il préférera nous attendre en arrière pour nous attaquer avec des forces intactes sur un terrain préparé d'avance et dans notre propre désarroi après la première rupture, la bataille prendra telle ou telle forme.

« On ne peut pas faire par avance le tableau d'une bataille. Ce serait une œuvre aussi vaine que dangereuse ; car les décisions sont à prendre au fur et à mesure des événements et nulle idée préconçue ne doit obscurcir le jugement du Général en chef.

---

1. « Rêve de propriétaire et non de soldat », a écrit M. le lieutenant-colonel Montaigne dans son bel ouvrage : *Vaincre.*

« Mais toujours, si, sur un succès initial, le front ennemi est rompu, la bataille sera poussée à fond, la victoire ensuite exploitée à outrance. En 1806, l'écrasement de la monarchie prussienne en quinze jours fut obtenu par l'exploitation illimitée des résultats récoltés aux champs d'Iéna et d'Auerstaedt.

« C'est répandre une doctrine étrange que décréter la limitation volontaire du succès, en permettant à l'adversaire de se ressaisir pour reprendre la lutte. Que tous, ministres, généraux, officiers et soldats en soient convaincus ; il n'y a pas de demibataille, ni dans le temps ni dans l'espace. Si l'on songe à s'arrêter, de propos délibéré, au milieu de l'effort, sur des voies déjà entr'ouvertes grâce à de sanglants sacrifices, mieux vaut d'avance renoncer à toute offensive. »

Telles furent, le 6 avril 1917, les déclarations essentielles du général Nivelle, rappelant à un auditoire hésitant les principes permanents posés, depuis la profondeur de l'histoire, par les maîtres de la guerre.

*
* *

Le Président de la République proposa alors :

« Permettez-vous, Général, que nous demandions l'avis des généraux commandant les groupes d'armées ? »

Question contraire à toute saine conception des

règles qui président à la conduite des armées, dans le juste équilibre des initiatives et des responsabilités diverses; des subordonnés sont ainsi invités à prendre parti dans un grave différend ostensiblement ouvert entre leur généralissime et leur ministre de la guerre. Mais question néanmoins fatale dans l'occurrence présente, puisque ces subordonnés avaient été appelés à siéger en un Conseil de guerre. A la confiance qui vivifie était substituée la discussion qui stérilise.

Cependant le général Nivelle acquiesça à la demande du Président de la République, en couvrant son assentiment obligé de cette observation qu'en sa présence l'audition des généraux ne constituerait pas une atteinte à la discipline. L'allusion fut-elle comprise de M. Painlevé, dont les entretiens secrets avec les généraux d'armée n'étaient pas ignorés?

Interrogé le premier sur ce qu'il pensait de l'offensive, de sa préparation, de son opportunité, le général de Castelnau déclara que, son groupe d'armées restant en dehors des opérations, il n'était au courant ni des dispositions prises, ni du plan lui-même; — mais qu'en thèse générale, il se rangeait entièrement aux opinions émises par le Général en chef, notamment en ce qui concerne la nécessité de tirer tout le parti possible du succès, si celui-ci s'esquisse. Quant à l'opportunité de l'offensive, c'était au gouvernement, éclairé par la présente discussion, d'en décider. Le surplus était une question de confiance dans le généralissime ; celui-ci devait rester maître de conduire ses opérations en toute liberté. S'il n'était pas investi d'une entière confiance, mieux valait le remplacer.

Invité à son tour à donner son avis, le général Franchet d'Espérey se tint dans une juste et hiérarchique réserve.

L'audition du général Micheler offrait un intérêt particulier. Car, d'après certains bruits parvenus à la connaissance du généralissime, le commandant des armées de réserve, au cours des conversations provoquées par le Ministre de la guerre, avait récemment développé des récriminations personnelles. Il s'était plaint, notamment d'ordres lui prescrivant de marcher rapidement dans l'attaque, de régler à une cadence accélérée la marche concordante des barrages d'artillerie et des vagues d'infanterie, de pousser vivement vers l'avant les têtes de colonne des troupes de deuxième ligne.

Aussi, désireux de fixer les responsabilités relatives à des dispositions tactiques dont l'agencement pouvait prêter à des confusions dans les initiatives réciproques, le général Nivelle posa d'abord deux questions à son subordonné :

« 1° Voulez-vous dire au Conseil quel est l'auteur du plan d'offensive de votre groupe d'armées ? — Réponse : C'est moi.

« 2° Voulez-vous dire au Conseil si j'ai changé quoi que ce soit aux dispositions prises par vous pour l'attaque, et en particulier à la vitesse de progression ? — Réponse : Non. »

Mais aussitôt le général Micheler ajouta qu'il n'en désapprouvait pas moins la rapidité avec laquelle devait être portée au contact des divisions de première ligne la Xe armée, placée originairement en réserve.

Ce à quoi le Général en chef répondit que le plan d'action de la Xe armée ne lui étant parvenu que la veille, il n'avait pas examiné ce document, — qu'en conséquence, il n'avait pas encore formulé une critique dont il pût être fait état; — qu'au surplus, aux termes mêmes des règlements le généralissime n'avait pas à s'immiscer dans les détails d'exécution. Le général Micheler avait reçu une mission à remplir sur un front assigné, avec disposition entière de tous les moyens estimés nécessaires au succès. Il lui appartenait sous sa propre responsabilité de faire de ces moyens, l'emploi qu'il jugerait le meilleur, selon les directives transmises par le major général.

Alors, sur de nouvelles questions précises touchant l'opportunité de l'offensive et ses résultats possibles, le général Micheler reconnut que l'offensive s'imposait aux alliés, sous peine pour eux d'être devancés par les Allemands et que, sans préjuger le développement de la bataille, l'enlèvement de trois premières lignes pouvait être considéré comme certain.

Mais, avec le général Pétain, le Conseil entendit une note différente. Posant lui-même les demandes et les réponses, le commandant du groupe d'armées du Centre établit la question de la manière suivante :

« Avons-nous des forces suffisantes pour une offensive destinée à l'enlèvement des premières lignes ennemies ? — Oui.

« Avons-nous des forces suffisantes pour pousser plus loin l'opération ? — Non. »

Interrogé, comme les précédents, sur l'opportunité de l'offensive, le général Pétain déclara se ranger à l'opinion générale, mais en insistant pour que l'offensive demeurât limitée et restreinte à des attaques de portée aussi courte que définie. A son avis, les réserves devaient être utilisées pour les seuls relèves et renforts sur le front nouveau, forcément agrandi par la hernie produite.

En ces quelques mots était exposée la doctrine de guerre qui, sans déviation aucune, sera celle du troisième généralissime des armées françaises, jusqu'au jour où, sous l'impulsion énergique d'un élève de Napoléon, passé maître lui-même, le génie offensif de la race ouvrira à nouveau ses ailes...

. . . .

*
* *

Ses lieutenants ayant ainsi parlé, le Général en chef reprit la parole pour une déclaration aussi nette que solennelle :

« Le Conseil ayant pris connaissance de l'opinion de mes généraux, je crois bon de répéter mes paroles du début. Si le gouvernement pense que des facteurs nouveaux sont de nature à décider un changement dans la conduite de la guerre, qu'il le dise ! C'est son rôle, et seul il a qualité pour le remplir. Mais, en des circonstances d'une telle gravité, les résolutions devant être prises en pleine liberté, j'ai l'honneur de remettre entre les mains du Président de la République ma démission de Commandant en chef des Armées du Nord et du Nord-Est. »

La foudre serait tombée aux abords du wagon-salon où se poursuivait cette étrange délibération qu'elle n'aurait pas déterminé sur les assistants un émoi supérieur à celui produit par la remise de démission du général Nivelle. Devant les généraux interloqués, les ministres anxieux se regardèrent. Un lourd silence pesa dans une atmosphère sur-chauffée, tandis qu'au dehors sifflait l'aigre bise d'avril.

Eh quoi ! moins de quatre mois après la mise à l'écart, non encore expliquée au pays, du vain-queur de la Marne, à la veille d'une offensive gé-nérale et conjointe dont parlaient à la fois — et beaucoup trop — le Parlement et la presse, une succession nouvelle s'ouvrirait ! Que penserait la France ? Que diraient nos alliés d'Angleterre, eux qui précisément venaient d'incliner leur tradition-nel orgueil en consentant à un général français la subordination d'un maréchal britannique, eux prêts à l'attaque concertée, alors que déjà leurs escadrilles aériennes engageaient les prémisses de la grande bataille !

Et si le général Nivelle sortait de ce wagon ayant rendu au Chef de l'État sa lettre de commandement, quel aveu d'impuissants désaccords serait jeté en pâture au monde attentif? Dans l'inévitable désarroi, l'état-major impérial, avec ses 50 divisions disponibles assemblées à pied d'œuvre, ne risquerait-il pas l'un de ces coups brusqués sous lequel un équilibre instable définitivement chancelle ?...

Aussi, parmi la visible émotion des assistants, le Président de la République insista-t-il pour que le Généralissime retirât sur l'heure son offre de démission. « Au besoin, ajouta M. Poincaré, je vous donnerais l'ordre formel de rester à votre poste. »

Puis aussitôt, le Président du Conseil et le Ministre de la guerre joignirent leurs instances à celles du Chef de l'État.

Le général Nivelle se montra très ferme. Il affirma que son offre de démission, loin d'être fictive, était si bien réelle que sur-le-champ les raisons de sa retraite seraient rédigées et remises au Président. « Depuis quelque temps, déclara-t-il avec une rude franchise, la confiance réciproque, indispensable au succès, a été gravement altérée par de multiples interventions auprès de mes subordonnés. *Dans ces conditions, l'exercice du commandement est rendu impossible.* De même, en ce qui me concerne, je ne me sens plus soutenu par la confiance unanime du Gouvernement. »

Sur ces sévères paroles, l'insistance de tous, et *notamment celle du Ministre de la guerre*, se fit plus pressante. Le général Pétain traduisit l'opinion dominante, au nom de laquelle convergeaient tant de prières vers le chef soumis quelques instants auparavant à d'âpres critiques : « Vous ne pouvez pas, dit-il, en s'adressant au général Nivelle, donner votre démission en ce moment ; cela ferait le plus mauvais effet dans l'armée et dans le pays! »

Ainsi les détracteurs du Généralissime consentaient-ils à renverser ses plans et à ébranler son autorité aux yeux de ses soldats ardents, de nos Alliés encore confiants. Mais, effrayés des immédiates responsabilités, ils reculaient devant la conséquence normale de leurs machinations. Leur entreprise se faisait plus sournoise, afin que la France ne fût pas mise en mesure de la juger.

Cependant, le général Nivelle demeurant irréductible, cette pénible scène menaçait de se prolonger, lorsque le déjeuner fut annoncé. M. Ribot profita de l'incident pour réclamer la levée de la séance, non sans avoir affirmé une dernière fois la confiance de tous dans le Généralissime. « Pourtant, ajouta-t-il, si les résultats attendus n'étaient pas obtenus à bref délai, nous ne nous entêterons pas en une bataille indéfinie comme celle de la Somme. »

Cette déclaration, négligemment jetée à la dernière minute d'une longue conférence, mérite une attention particulière ; car, plus tard, elle sera dénaturée, transformée en une obligation éventuelle, imposée au Commandant en chef et acceptée par lui, de suspendre l'offensive au bout de vingt-quatre heures. D'ailleurs, les conditions de cet arrêt supposé ne furent pas spécifiées, ...et pour cause ! Une bataille ne se règle à l'avance ni dans ses détails ni dans ses conclusions.

*
* *

Rentré à son quartier général, le Généralissime, après mûres réflexions, se convainquit davantage de l'impossibilité où il se trouvait d'exercer désormais le commandement des Armées françaises. En présence des hypocrites manœuvres qui tendaient à contrecarrer ses conceptions, il devait à lui-même comme à l'armée et au pays, de rejeter le fardeau alourdi d'immenses responsabilités. Et, le matin du 7 avril, il rédigea sa lettre de démission.

Mais toujours dans l'âme humaine, se reflètent les aspects changeants des tempêtes. La plume une fois posée, le général Nivelle se demanda si, soldat d'abord, il pouvait reculer devant les risques d'une offensive que lui-même avait préparée, consentir à l'abandon volontaire des engagements que, somme toute, au nom de la France, il avait pris avec le haut commandement britannique. Le devoir n'était-il pas de demeurer au poste, non de le déserter ?

Drame angoissant de la conscience, que tant

d'autres connurent, au cours des bouleversements de l'histoire, parmi la bassesse des intrigues et le choc des ambitions ! Quelques amis du général Nivelle assistèrent, en cette journée du 7, à la lutte intérieure d'où, justifiée ou non, sortirait la connaissance lumineuse du devoir.

C'est en de telles circonstances que, le 8 avril, sa lettre de démission étant à peine séchée sur son bureau, le Généralissime reçut la visite officielle de M. Albert Thomas, ministre de l'Armement. Celui-ci, après s'être annoncé comme l'émissaire des membres du Gouvernement présents au Conseil de l'avant-veille, affirma que la confiance de tous était entière, et qu'il était chargé d'en apporter l'expression. En revenant de Compiègne, le Président de la République ne s'était-il pas écrié : « Enfin ! l'armée a un chef ! » Exclamation qui, quelques mois plus tôt, sous Douaumont reconquis, avait valu les rigueurs de la censure au général Mangin s'adressant aux soldats de la IIe armée.

Puis, M. Albert Thomas manifesta sa sympathie personnelle au libérateur de Verdun.

Ainsi réconforté, le général Nivelle prit son parti, sans hésitation nouvelle, et, dira-t-il plus tard, sans arrière-pensée. Il déchira sa démission. D'ailleurs, les événements se précipitaient, car le lendemain 9 avril, le maréchal Haig engageait l'offensive britannique sur le front de l'Artois. Les armées françaises ne pouvaient donc plus que marcher au canon dans les plus brefs délais sous les ordres de leur général en chef.

CHAPITRE VII

LA PRÉPARATION
DE L'OFFENSIVE GÉNÉRALE ALLIÉE

Comment le général Nivelle, directeur reconnu de l'offensive générale en Occident, avait-il mis au point la vaste manœuvre destinée à rompre le front des armées allemandes ?

Quelles instructions avait-il données, non seulement au maréchal britannique, placé sous ses ordres, mais encore au commandant suprême de l'armée italienne dont une entrée en ligne n'était pas chose négligeable, aux heures où les armées allemandes seraient accrochées en une bataille décisive ?

Pour répondre à ces questions, et pour ouvrir, dès maintenant, les voies au jugement de la future histoire, il est bon de reproduire dans leur intégralité les instructions principales adressées par le Grand Quartier Général de Compiègne aux grands quartiers généraux anglais et italien. Les documents parleront d'eux-mêmes. On y verra avec quel soin, quelle expression des principes éprouvés de la guerre, furent prévues toutes les éventualités, arrêtées les dispositions définitives après le repli allemand sur le front défensif dès lors connu sous le nom générique de ligne Hindenburg.

Le 16 mars 1917, le général Nivelle avait exposé au maréchal Haig le plan général des opérations et le rôle des vaillantes armées britanniques :

Au G. Q. G., le 16 mars 1917.

Monsieur le Maréchal,

1° Notre plan d'opérations pour 1917 est un plan essentiellement offensif.

Dans son exécution, nous sommes obligés de *tenir compte* de l'attitude de l'ennemi, mais en aucun cas, nous ne devons *baser nos décisions* sur ses projets hypothétiques, car ce serait subordonner notre volonté à la sienne. Ceci est la doctrine même de l'offensive.

Il est, d'autre part, évident, que tant que nous n'aurons pas fixé notre adversaire par nos attaques, il jouira d'une liberté d'action à peu près complète. Il est libre, en particulier, de nous attaquer ; et sans préjuger les résultats qu'il peut tirer d'une offensive sur notre front, il nous obligerait sans doute à venir à la parade et à diminuer, dans une certaine proportion, la puissance de nos propres offensives.

Il faut donc tout mettre en œuvre pour que cette situation cesse dans le plus bref délai possible, et c'est une des raisons pour lesquelles je n'ai jamais cessé d'insister pour que la date de nos attaques fût avancée.

2° Pour battre un adversaire qui, sur notre front, dispose de moyens presque aussi puissants que nous, il est indispensable que nous appliquions, sans arrière-pensée, toutes nos ressources à la bataille. Si, faute d'avoir soutenu de toutes ses forces son alliée, l'une de nos deux armées était battue, la défaite irrémédiable de l'autre ne tarderait pas à survenir.

Il faut en outre que nos attaques soient poussées à fond et exploitées sans aucun retard, car le succès même de nos opérations dépend essentiellement, non seulement de leur puissance, mais encore de la rapidité de leur développement.

3° C'est sur ces considérations que je me suis basé pour fixer la mission générale des armées britanniques dans le plan d'ensemble de nos opérations, et c'est en fonction de cette mission générale que je conçois le rôle particulier de chacune d'entre elles.

1re et 3e armées. — Vos 1re et 3e armées sont, par suite de l'attitude de l'ennemi, les seules qui, avec l'armée de réserve dont vous avez décidé la création, participeront à la première phase de nos opérations.

Elles auront à rompre un front ennemi bien fortifié et à poursuivre leur offensive, sans délai, au delà de la brèche.

Vous m'avez exposé les difficultés que rencontreront ces armées dans l'exécution de leur mission.

Je ne me les dissimule pas, mais je demeure convaincu que vos armées seront à même de remplir leur tâche.

Vous me dites que l'ennemi accumule des moyens de défense au saillant de sa nouvelle ligne, au sud de la Scarpe, et qu'il pourra vous opposer des disponibilités d'autant plus nombreuses que son front aura été réduit par suite de son recul sur l'Ancre.

Cette hypothèse peut se réaliser, mais personne ne peut préjuger les points où ces disponibilités seront appliquées.

D'ailleurs les moyens que vous retirez à la 5e armée, au moins six divisions et beaucoup d'A. L., vous permettent de renforcer, comme vous le prévoyez, vos armées d'attaque, non seulement en A. L. pour détruire les organisations ennemies, mais encore en grandes unités disponibles, pour étendre, au besoin, votre front de rupture au nord de la Scarpe et pour battre ensuite les réserves allemandes. Étant donnée la supériorité de forces qu'avait le général Gouraud sur l'Ancre, vous êtes donc en mesure de tirer de cette situation plus d'avantages que l'ennemi.

En ce qui concerne l'exécution même des attaques, je vous serais reconnaissant de me renseigner sur les points suivants :

Nombre de divisions chargées de la rupture du front, dans vos 1re et 3e armées ;

Front de rupture fixé à ces deux armées et objectif à atteindre le premier jour ;

Nombre de divisions destinées à l'exploitation dont disposeront les armées ;

Nombre de divisions que vous garderez à votre disposition pour appuyer l'une ou l'autre d'entre elles ;

Objectifs ultérieurs que vous avez choisis pour le développement de vos opérations.

Ces données me sont indispensables pour combiner l'offensive sur les divers fronts d'attaque.

Quant aux plans d'action de ces deux armées, je vous propose, pour simplifier la correspondance, d'envoyer un officier de mon état-major en prendre connaissance auprès des généraux commandant les armées et C. A. d'attaque dans des conditions analogues à celles dans lesquelles les généraux Birch et Davidson ont visité récemment le G. A. R., à moins toutefois que vous ne préfériez m'adresser personnellement copie des instructions des armées et des C. A.

2e armée. — J'ai étudié avec la plus grande attention

votre manière de voir au sujet des intentions hypothétiques de l'ennemi en Flandre.

Je comprends toute l'importance qui s'attache à cette
région ainsi que le souci que vous avez d'en assurer la
défense.

Vous admettrez néanmoins comme moi que si nous
arrivons à déclencher nos attaques dans les conditions
prévues, avant que les Allemands passent eux-mêmes
à l'offensive, il n'y aura plus aucune crainte à avoir de
ce côté.

Au contraire, plus notre attaque sera puissante, plus
nos succès seront rapides, et moins l'ennemi aura de
facilités pour entreprendre quoi que ce soit contre
nous.

Ce sera le premier avantage que nous procurera
notre offensive en attendant des résultats plus positifs.

Au contraire, si vous diminuez tant soit peu vos
chances de succès dans l'attaque d'Arras, soit en réduisant les moyens en artillerie ou en disponibilités que
vous y consacrez, soit en retardant trop l'envoi de ces
moyens à vos armées d'attaque (ce qui influera forcément sur les conditions de leur engagement), vous augmenterez d'autant la capacité de résistance de l'ennemi,
et par conséquent son aptitude à vous attaquer à son
tour.

J'ajoute, qu'étant donné l'état du terrain en Flandre,
on y a toujours considéré une attaque importante
comme impossible avant l'été.

Étant donnée, d'autre part, la supériorité de forces
dont vous disposez dans cette région, vous êtes dès à
présent très largement en mesure de résister à toute
attaque que pourraient entreprendre les Allemands.

Je vous ai précédemment exposé quel devait être, à
mon avis, le rôle de la 2ᵉ armée britannique dans la

phase d'exploitation, au moment de l'entrée en action de l'armée belge ; je n'y reviendrai donc pas ici.

Enfin, en ce qui concerne les 5e et 6e armées, leur rôle consistera, comme celui du G. A. N. français, à exercer une pression énergique et continue sur l'ennemi pour géner et hâter son mouvement de repli. A ce sujet, j'appelle de nouveau votre attention sur l'intérêt qui s'attache à ce que la droite de votre 4e armée coopère à l'action de l'aile gauche du G. A. N.

En résumé :

L'exécution du plan d'opérations convenu comporte la participation complète de toutes les armées britanniques ; c'est une des conditions de son succès.

Les disponibilités que le repli de l'ennemi vous permet de constituer sur le front de l'Ancre doivent être immédiatement consacrées au renforcement des 1re et 3e armées ; c'est le seul bénéfice que vous puissiez tirer de l'attitude des Allemands.

L'éventualité d'une offensive ennemie ne doit avoir pour effet que de nous engager à hâter nos préparatifs d'attaque. Ce serait faire le jeu de l'adversaire que d'adopter, pour se prémunir contre un danger hypothétique, des mesures défensives susceptibles de diminuer, si peu que ce soit, la puissance du coup que nous avons décidé de lui porter.

Les armées britanniques autres que les 1re et 3e doivent préparer sans plus tarder leur participation à la bataille générale dans la phase d'exploitation, et se mettre dès à présent en mesure de poursuivre l'ennemi si celui-ci se retire devant leur front.

Ces directives sont, comme vous le savez, celles que j'ai données aux généraux commandant les groupes d'armées français et je vous serai reconnaissant, Monsieur le Maréchal, de bien vouloir donner des

ordres pour que les armées britanniques s'y conforment
également.

Je vous demande, en terminant, de me faire connaître les conditions dans lesquelles vos armées doivent
exécuter vos instructions à ce sujet.

Bien sincèrement à vous,
Signé : NIVELLE.

En même temps, une note circulaire aux commandants français de groupes d'armée était rédi-
gée. Elle indiquait les modifications à l'ordre de
bataille suggérées par les mouvements rétrogrades
de l'ennemi, mouvements dont l'ampleur apparaissait comme probable.

Au G. Q. G., le 17 mars 1917.

Le repli des forces ennemies devant le G. A. N. crée
pour ce G. A. une situation nouvelle hors de la bataille
principale, qui s'engagera de Soissons à Auberive sur le
front du G. A. R. et de l'aile gauche de la IVe armée.

Dans ces conditions, conformément à ma directive
nº 12.651 du 15 mars, le G. A. N. devra suivre l'ennemi en exerçant sur lui une pression énergique et continue, mais en n'employant à cette action que les effectifs strictement nécessaires de manière à créer des disponibilités. En fin de mouvement, si celui-ci se pour-
suit jusqu'à la ligne Hindenburg, le G. A. N. devra se
trouver réduit à une armée de trois corps, avec l'artillerie correspondante.

Rien n'est changé dans la mission du G. A. R., dont
l'entrée en opérations reste fixée au 10 avril.

En vue de combiner avec l'offensive du G. A. R. une
opération capable de profiter de ses succès ou de fixer

des forces ennemies importantes, le G. A. C. exécutera à la même date, l'opération prévue par mes instructions antérieures à la gauche de la IVe armée de Nauroy à Auberive. Il disposera à cet effet de ses ressources propres d'artillerie à provenir du G. A. N. ou du G. A. R. et peut-être même de deux D. I. supplémentaires à provenir du G. A. N.

L'opération exécutée par le G. A. C. sera étroitement liée à celle du G. A. R. et tout particulièrement à l'action des forces opérant au sud de l'Aisne. J'envisage donc de constituer pour l'exploitation face à l'est un détachement d'armée avec les grandes unités du G. A. R., opérant au sud de l'Aisne et de le placer sous l'autorité du Général commandant le G. A. C., en vue d'assurer dans cette zone une direction unique.

Je ne puis pas mettre à la disposition du G. A. R. les forces supplémentaires qui font l'objet de la lettre n° 3.768 (10 mars) du général Micheler. Mais je prévois la constitution d'une armée de réserve (Ire) dans une zone limitrophe des G. A. R. et G. A. C. derrière la Xe armée, au moyen d'unités provenant du G. A. N. et du G. A. E. (dix à douze divisions et un C. C. à deux D. C.).

Cette armée pourra être appliquée soit au G. A. R., soit au G. A. C. sur l'une ou l'autre rive de l'Aisne. Son emploi ainsi que le choix de ses communications seront en conséquence étudiés et prévus par les deux G. A. et par le Général commandant la Ire armée, aussitôt qu'il aura quitté le G. A. N.

La constitution de cette armée sera réglée par des ordres particuliers.

A partir de la date où cette constitution sera suffisamment avancée, la Xe armée passera entièrement aux ordres du général Micheler.

Signé : NIVELLE.

Puis, le 18 mars, le Généralissime, d'une part, résuma pour ses lieutenants les conditions de la poursuite aux traces de l'ennemi en retraite, tandis que d'autre part, il insistait auprès du maréchal Haig pour que les armées anglaises fussent rapidement portées en avant :

A. — Note pour les armées françaises.

Au G. Q. G., le 18 mars 1917.

L'extension du mouvement de repli exécuté par l'ennemi exige que sur l'ensemble de notre front, chacun à tous les échelons du Commandement s'inspire des principes généraux rappelés par la note 13.209 du 16 mars 1917. Les armées entrées en opérations se conformeront en outre aux directives ci-après :

I. — La poussée de l'ennemi en retraite doit être accentuée par tous les moyens et par l'emploi combiné de toutes les armes. Le moment est venu pour la cavalerie de reprendre le rôle qui lui incombe dans la guerre de mouvement et de profiter des difficultés inhérentes à toute retraite pour ramasser des prisonniers et du matériel. Elle opérera par petites fractions (escadrons) en s'éclairant avec le plus grand soin ; elle évitera de se laisser amorcer par la cavalerie ennemie, qui tenterait de l'entraîner sous le feu des mitrailleuses et des fusils d'infanterie.

II. — Le mouvement des grandes unités s'exécutera dans les conditions prévues par la note précitée du 16 mars (§ III : Acheminement à la guerre de mouvement) de façon à rester continuellement en garde contre une contre-offensive puissante que l'ennemi exécuterait après nous avoir entraînés hors de la zone de nos positions fortifiées. Il est donc indispensable de s'articuler en profondeur, d'assurer une liaison intime et constante entre l'artillerie et l'infanterie.

Le Commandement doit faire reconnaître et indiquer aux échelons subordonnés les positions sur lesquelles il livrerait bataille au cas où l'ennemi viendrait à contre-attaquer. Il exigera qu'on s'organise sur le terrain conquis, si la résistance de l'adversaire obligeait à marquer un temps d'arrêt.

La rapidité de notre avance ne doit en exclure ni l'ordre ni la méthode ; elle doit se concilier — dans les petites comme dans les grandes unités — avec la possibilité constante d'accepter le combat dans des conditions qui nous soient avantageuses.

III. — La note 12.651 du 15 mars au G. A. N. a posé la directive suivante : « La position allemande dite d'Hindenburg ne sera pas attaquée sans nouveaux ordres de ma part et vos forces devront s'établir en face d'elle à la distance et dans les conditions les plus favorables à une attitude défensive. »

Cette directive s'appliquera à toutes les armées, pour le cas où, sur d'autres fronts que le G. A. N., l'ennemi opérerait une manœuvre analogue de repli sur une position fortifiée d'avance.

D'autre part, la note 13.209 du 16 mars a spécifié qu'au cas où l'attaque d'une semblable position viendrait à être ordonnée, le temps de préparation devrait être réduit au minimum.

De ces deux notions, découle la conduite à tenir par les armées après la reprise du contact :

1° Se placer tout d'abord en situation défensive, c'est-à-dire s'asseoir sur le terrain et s'y organiser de façon, en cas de retour offensif de l'ennemi, à le voir venir, à enrayer son premier choc, à donner le temps nécessaire au Commandement pour faire affluer ses réserves et monter les manœuvres utiles.

2° Prévoir toutes les mesures susceptibles de transformer dans les conditions de plus grande rapidité possible l'attitude défensive en attitude offensive.

A ces deux ordres d'idées correspond un dispositif d'échelonnement des forces en profondeur, se basant sur le choix judicieux d'une ligne de principale résistance, couverte par un dispositif d'avant-gardes, à grande distance, l'ensemble du système utilisant, bien entendu, toutes les ressources de la fortification de campagne dans la mesure où le permettront le temps et les moyens. Dans la progression des travaux, on réalisera d'abord l'obstacle avant de songer à l'abri, et on demandera la protection de la troupe beaucoup plus à une très large articulation des forces qu'à l'exécution de travaux longs et dispendieux. Il ne s'agit plus de s'étriquer dans des dispositifs peu profonds et condensés comme ceux de nos fronts défensifs actuels ; il faut utiliser largement toute l'étendue du terrain que l'ennemi nous offre.

Les communications de l'arrière (routes, voies ferrées) devront faire l'objet de soins particuliers, comme répondant aux nécessités des deux éventualités possibles, attaque ou défense.

Au point de vue des réactions à envisager contre une attaque ennemie, on étudiera soigneusement les renforcements d'artillerie et le jeu des réserves ; on développera dans toute la mesure du possible le système des liaisons.

Enfin, en ce qui concerne le passage rapide à l'offensive, on étudiera toutes les possibilités d'action de l'infanterie et de l'artillerie, on mettra en jeu le service d'observation, on procédera à l'étude complète des positions ennemies, etc... En un mot, on réunira tous les éléments d'information nécessaires à l'engagement rapide des grandes unités.

NIVELLE.

B. — NOTE POUR LES ARMÉES ANGLAISES.

Au G. Q. G., le 18 mars 1917.

> A Monsieur le Maréchal Sir Douglas Haig,
> Commandant en Chef les forces Britanniques en France, à Montreuil.

Monsieur le Maréchal,

J'ai l'honneur de vous résumer ci-dessous la situation devant les Armées françaises d'aile gauche, ainsi que les instructions générales que je leur ai données, et de vous indiquer la limite précise entre les zones d'action de votre IV° Armée et du G. A. N. dans le développement de leurs opérations.

1° Les troupes françaises sont à l'heure actuelle en mouvement depuis l'est de Soissons jusqu'au nord de Roye. La progression réalisée dans ces dernières 24 heures est, en certaines régions, de plusieurs kilomètres ; en particulier à l'aile gauche du G. A. N., nos troupes se trouvent actuellement à une dizaine de kilomètres à l'est de Roye et poussent rapidement en direction de Ham.

2° Le G. A. N. a reçu mission de poursuivre son mouvement sur les objectifs qui lui étaient précédemment fixés. Sa progression doit être poussée avec toute l'énergie et toute la continuité nécessaire pour garder le contact étroit de l'ennemi et être constamment en mesure de lui livrer bataille, dans le cas où il ferait tête.

Le G. A. N. ne dispose que des forces indispensables à l'exécution de sa mission et j'ai repris à ma disposition les réserves stratégiques que je lui avais précédemment attribuées ainsi que la majeure partie de l'artillerie lourde qu'il avait pour la préparation de ses attaques de rupture.

3° Ainsi que je vous l'écrivais le 16 mars, j'estime indispensable que votre IVe armée progresse dans les mêmes conditions, et autant que possible, à la même hauteur que les Armées françaises à sa droite.

Je ne doute d'ailleurs pas que vous lui ayez déjà donné des instructions dans ce sens. Mais j'insiste sur le caractère de rapidité que je désire voir donner à ces opérations. C'est le seul moyen par lequel nous puissions garder un contact étroit avec l'ennemi, en l'obligeant soit à maintenir sur son front de repli des forces relativement importantes, soit à précipiter son mouvement sans avoir le temps de procéder à la dévastation systématique de toute la région.

4° Quant à la limite des zones d'action entre votre IVe Armée et le G. A. N., elle a été en partie fixée par accord entre les États-Majors intéressés dans la journée d'hier.

Sauf objection de votre part, cette limite sera marquée par la ligne :

Goyencourt-Gruny-Rethonvillers-Billancourt-Breuil-Bacquencourt-Hombleu-Canizy-Saint-Sulpice-Ham (ces localités au G. A. N.), puis la route Ham-Saint-Quentin (cette route au G. A. N.).

Signé : Nivelle.

Nous sommes entrés à Noyon et nous avons dépassé vers l'est le canal du Nord.

Dans cette même journée du 18 mars, la dislocation prévue de la Ire armée française, opérant sur la rive droite de l'Oise, était signifiée au Commandant en chef du G. A. N. dans les termes suivants :

J'ai décidé, en raison du repli des troupes allemandes devant le G. A. N., de prélever sur ce dernier, en vue d'opérations sur une autre partie du front, les forces qui ne lui sont pas nécessaires pour suivre l'ennemi au plus près et pour s'établir face à la ligne Hindenburg.

A son arrivée sur la ligne Hindenburg, le G. A. N. sera réduit à une armée (IIIe) à trois C. A. (14e, 35e, 33e) et huit divisions, dont une D. T. Cette réduction se fera au fur et à mesure de la progression du G. A. N. ; mais celui-ci mettra immédiatement à ma disposition le 18e C. A. (35e et 36e D. I.), une D. I. et le 1er C.C., et aussitôt que possible, dans des conditions dont il me rendra compte la Ire armée, le 10e C. A. (trois D. I.) et le 1er C. A. C. (trois D. I.)

**

Ainsi, avant la dernière semaine de mars, toutes les mesures nécessitées par la manœuvre en retraite du maréchal von Hindenburg, étaient ordonnées en des moindres détails dont un plus long exposé serait superflu. Elles étaient en cours d'exécution à la fin du mois.

Cependant la date fixée pour l'offensive approchant, le général Nivelle crut devoir encore préciser ses directives de telle manière qu'aucune hésitation ne pût se produire dans l'esprit des différents corps d'armée.

Le 4 avril, c'est-à-dire l'avant-veille du conseil de guerre de Compiègne, il fit paraître une magistrale instruction, où une fois de plus le but essentiel de la bataille était défini dans la destruction de la masse principale des forces ennemies présentes sur le front occidental [1].

Au G. Q. G., le 4 avril 1917.

Directive pour les Armées britanniques, l'Armée belge et les groupes d'Armées français.

Les missions des différents groupements de forces participant aux offensives d'ensemble ayant été quelque peu modifiées par suite du repli de l'ennemi et de l'augmentation de ses réserves, il m'a paru nécessaire de résumer dans une directive générale, les instructions particulières données à chacun de ces groupements.

Les Commandants d'armée seront ainsi mieux à même de se rendre compte de leur rôle particulier dans l'ensemble des opérations qui doivent se développer à partir des premiers jours d'avril.

I

CONDITIONS GÉNÉRALES DE L'OFFENSIVE.

Le but à atteindre reste la destruction de la masse principale des forces ennemies sur le front occidental.

1. Voir, à la fin du volume, le plan général de l'offensive.

Les opérations engagées comporteront donc nécessairement :

1° Une bataille prolongée dans laquelle nos armées d'attaque devront rompre le front adverse, puis battre les disponibilités ennemies ;

2° Une phase d'exploitation intensive à laquelle participeront toutes les forces disponibles des Alliés.

II

OFFENSIVES INITIALES.

Les offensives initiales des armées d'attaque seront convergentes, de manière à porter l'effort combiné des armées britanniques, du G. A. N. et du G. A. R. dans une région particulièrement importante au point de vue des communications de l'ennemi.

a) *Armées britanniques*. — Le groupe des Armées d'attaque britanniques entreprendra la rupture du front ennemi entre Givenchy et Quéant. Cette rupture sera immédiatement suivie par la poussée des réserves en direction de Cambrai et Douai, et par une exploitation latérale rapide, entreprise à la fois vers le nord en arrière du front Lens-La Bassée, et vers le sud-est en prenant à revers la ligne Hindenburg.

A l'aile droite des forces britanniques, la IVᶜ armée liera son mouvement à celui du G. A. N. et coopérera à ses attaques.

Il est de la plus grande importance pour le développement des opérations des armées d'attaque anglaises et du G. A. N. que la IVᵉ armée retienne devant son front le maximum de forces ennemies.

b) *G. A. N.* — Le G. A. N. a pour mission de poursuivre son offensive en direction du nord-est, en liaison à la gauche avec la IVe armée britannique, et à droite avec le G. A. R.

Il attaquera d'abord la position avancée ennemie à l'ouest et au sud de Saint-Quentin, puis le front Harly-Alaincourt, dans les conditions déterminées par des ordres particuliers.

Le G. A. N. coopérera, avec tous les moyens qu'il pourra mettre en œuvre, à l'attaque de la VIe armée, il s'entendra avec le G. A. R. pour l'exécution de ces opérations.

c) *G. A. R.* — Les attaques initiales du G. A. R. s'exécuteront sur le front précédemment fixé. Mais en raison du repli de l'ennemi sur la position Hindenburg, elles devront se développer principalement en direction de Guise, Vervins et Hirson.

d) *G. A. C.* — La IVe armée coopérera à l'attaque du G. A. R. en prenant l'offensive sur un front à l'ouest de la Suippe.

Après avoir enlevé le massif de Moronvillers, elle poussera immédiatement ses divisions de gauche vers le nord de manière à venir tout d'abord border la Suippe et préparer le développement des opérations dans la direction de Vouziers et d'Attigny.

Son action se liera avec celle de l'aile droite de la Ve armée.

III

PHASE D'EXPLOITATION.

A la suite de la rupture du front ennemi, effectuée suivant les directions définies ci-dessus, les différents groupements de forces alliées entameront aussitôt l'exploitation de ces premiers succès.

a) Les armées britanniques, appuyant leur droite à

la Sambre, poursuivront leur offensive suivant l'axe général Valenciennes-Louvain.

Leur aile gauche (IIe armée), profitant de la faiblesse des forces que l'ennemi aura à ce moment en Flandre, débouchera de la région d'Ypres, en liaison avec l'armée belge.

b) L'armée belge aura pour mission de rompre le front ennemi dans les régions de Steenstraat et de Dixmude, puis de se porter le plus rapidement possible sur Roulers et Gand.

Plus au nord, le 36e C. A. attaquera le long de la côte belge sur Ostende et Bruges.

c) Les G. A. N., G. A. R. et G. A. C. poursuivront leur progression en direction nord-est ; les G. A. N. et G. A. R. dans la zone comprise entre la Sambre et la ligne générale Berry-au-Bac, Château-Porcien, Sedan et le G. A. C. au sud de cette ligne.

Dans toutes les armées, les opérations d'exploitation doivent être conçues dans l'esprit le plus large et le plus audacieux.

Dans cet ordre d'idées :

Les armées britanniques, après s'être emparées de Cambrai et de Douai, devront se porter sur Valenciennes, puis sur Mons, Tournai et Courtrai, en élargissant sans cesse leur action vers le nord, au fur et à mesure de la progression à l'intérieur du territoire reconquis.

Le G. A. N. aura pour premiers objectifs, dans la phase d'exploitation, les voies ferrées partant d'Hirson vers Cambrai, vers Valenciennes et vers Maubeuge.

Les G. A. R. et G. A. C. viseront tout d'abord la conquête de toute la boucle de l'Aisne, puis celle de la région comprise entre la Meuse, la Sormonne et l'Oise.

Chaque groupement de forces doit prévoir et organiser à l'avance la ruée vers les lignes de communication adverses qui traversent la zone d'exploitation.

C'est par la marche en avant brusquée de toutes nos forces disponibles, et par *la conquête rapide des points les plus sensibles* pour le ravitaillement des armées ennemies que nous devons rechercher leur désorganisation complète et précipiter leur repli.

Pour ampliation :   Signé : R. NIVELLE.
Le Major général.
  Signé : PONT.

Cette instruction était d'autant plus nécessaire que dans certains états-majors les intentions du Généralissime apparaissaient méconnues. Dès le 1ᵉʳ avril, le général Pétain avait dû être rappelé à l'ordre en raison du plan d'engagement et du plan d'exploitation de la IVᵉ armée, lesquels ne répondaient pas aux directives données. L'exécution de l'exploitation y était, en effet, soumise aux résultats obtenus par la Vᵉ armée ; et cette conception, observa le général Nivelle, manifestait un manque de hardiesse et la mésintelligence de l'opération générale.

« L'opération de la IVᵉ armée n'était pas une attaque *subordonnée* à la réussite de l'attaque voisine, mais une attaque auxiliaire donnant à plein et en vitesse pour assurer le succès de l'attaque principale. Le rôle de la IVᵉ armée était capital, et une lourde responsabilité incomberait au Commandement qui, mesurant ses efforts, ne permettrait pas à l'attaque principale de rendre ses pleins effets. »

Dès ce moment, on le voit, la volonté du Généralissime se heurtait à des conceptions différentes de la sienne ; et il était contraint de faire acte de redressement et d'autorité dans une sphère où seule la confiance réciproque peut conduire à la victoire.

Cependant, plus tard, le plan de campagne, exactement défini par la directive du 4 avril, sera traité de « follement ambitieux ». C'est de lui que parlera M. Painlevé à la Chambre, le 7 juillet, lorsqu'il vaticinera que « c'en doit être fini des plans ambitieux et téméraires dont les apparences grandioses dissimulent mal le vide ». Ainsi, la passion politique, unie à l'incompétence, prétendra décréter l'Histoire.

Or, pour chasser un envahisseur, pour imposer à son adversaire sa volonté, pour vaincre en un mot, le seul moyen connu jusqu'à présent, c'est de livrer bataille, bataille orientée vers un maximum de résultats, poursuivie par suite sur un front aussi large que possible, et selon une idée de manœuvre visant une menace contre les communications de l'ennemi.

Mais la forme même de cette bataille ne sera qu'une résultante de l'opposition des volontés. En l'espèce présente, ou l'ennemi, décidé à accepter la bataille décisive en rase campagne, réservera le plein de ses forces pour la lutte en arrière de son front fortifié ; ou bien, résolu à prolonger la guerre de tranchées, il tiendra bon sur ses premières lignes. Dans le deuxième cas, il est indispensable de continuer la bataille sans arrêt, de manière à précipiter l'usure des réserves adverses ; et ce dernier résultat, prévu dès les instructions du Généralissime en date du mois de janvier, sera obtenu du 9 avril au 10 mai, puisqu'à cette date, toutes les réserves allemandes auront été engagées. C'est donc au moment même où les fruits de la bataille allaient être cueillis, que cette bataille sera suspendue.

Quant aux objectifs éloignés indiqués par la directive du 4 avril, et dont l'énumération sera l'objet de railleries déplacées, ils ne représentaient que les terminus idéaux des axes d'attaque et de marche, semblables à ceux que l'Empereur assignait aux mouvements des corps d'armée lorsque du camp de Boulogne il dictait le plan de la campagne de 1805. Il est vrai que pour les stratèges du Palais-Bourbon, toutes les leçons napoléoniennes étaient frappées de caducité et que l'envergure des conceptions d'un Général en chef devait être bornée à celle de la pensée d'un commandant de bataillon préparant l'attaque d'une tranchée !

Le général Nivelle de plus ne se satisfit pas de la seule instruction magistrale du 4 avril. Le matin même du Conseil de guerre de Compiègne, inquiet des résistances qu'il sentait grandissantes chez ses lieutenants, il établit une nouvelle note destinée aux commandants d'armées. En lisant cette note, on comprendra l'amertume d'un chef, contraint à rédiger des homélies en justification de ses plans. Telle était, après trente-deux mois de guerre, l'œuvre des politiciens !

NOTE ÉTABLIE LE 5 AVRIL PAR LE GÉNÉRAL NIVELLE.

I. — L'ennemi a réparti ses forces pour la campagne de 1917 :

Le gros sur le front occidental ;

Des forces relativement réduites, sur les différents fronts orientaux ;

Peut-être une masse secondaire, mais susceptible d'obtenir des résultats intéressants, sur le front italien.

Il est certain que, quoi qu'il arrive sur les fronts orientaux ou italiens, il ne prélèvera aucun élément à leur profit sur le front occidental, tant que la menace franco-anglaise ne se sera pas déclenchée.

Il est possible, au contraire, que lorsqu'il sera mieux orienté sur les conséquences de la Révolution russe, il fasse de nouveaux prélèvements sur les fronts orientaux au bénéfice du front occidental.

Dans ce premier ordre d'idées, *le temps travaille donc contre nous.*

II. — Personne ne peut savoir ce qui va sortir de la Révolution russe : établissement d'un gouvernement régulier de guerre ou développement de l'anarchie communiste, exclusive de toute opération militaire sérieuse.

Il est donc impossible de baser un plan de campagne sur le déclenchement de l'attaque russe, et si l'on admet qu'elle est la condition nécessaire de notre offensive, il serait peut-être sage de penser à la paix sans victoire.

La peur italienne durera jusqu'à ce que les événements aient pris tournure sur le front occidental. Nous n'arriverions à obtenir de l'Italie un effort sérieux qu'en lui prêtant, dès à présent, un appui direct considérable. Pouvons-nous le faire sans que la situation soit éclaircie sur notre front ? Évidemment non. Nous avons donc tout intérêt à ce que cette situation soit éclaircie le plus tôt possible, afin de pouvoir faire en temps utile l'effort qui sera peut-être nécessaire de ce côté, si nous ne réussissons pas sur notre front.

III. — Nous pouvons demander trois choses différentes aux Anglais :

1° L'attaque au sud d'Ypres, dans un délai de deux mois ;

2° La constitution d'une armée de réserve d'une douzaine de D. I. prêtes à être transportées sur un front autre que le front anglais ;

3° L'exécution du plan convenu et l'attaque en direction de Cambrai et de Douai avec exploitation latérale au nord, si l'ennemi recule jusqu'à la ligne Vitry-en-Artois-Pont-à-Vendin.

De ces trois conceptions, les Anglais préféreraient évidemment la première qui répond à leur plan favori et qui, surtout, recule de deux mois la décision.

L'expérience des dernières tractations montre que la deuxième est aussi inapplicable maintenant qu'autrefois. Obtiendrions-nous la constitution d'une réserve, que les circonstances locales interviendraient toujours pour empêcher son transport avant la décision. Nous ne pouvons donc baser un plan sur l'existence et l'entrée en ligne de cette réserve en temps voulu.

La troisième doit donc être maintenue quoi qu'il arrive. La possession de la crête de Vimy, l'avance sur les deux rives de la Scarpe, en arrière de la ligne Hindenburg, donnent aux armées anglaises des possibilités d'exploitation immédiate, même si le boche recule devant l'attaque. Il n'y a qu'à mettre la question au point tactiquement, pour obtenir l'effet maximum dans le minimum de temps.

IV. — A la veille de l'offensive, le Commandement, à certains échelons, montre la petite hésitation de rigueur : « il manque un détail » ou « la situation a changé », ou « que le voisin commence » !

Est-il admissible de perdre, pour ces excellentes raisons, l'initiative des opérations que nous avons encore aujourd'hui et que nous n'aurons péut-être plus demain ? Ou si le plan du boche est de refuser décidément la bataille, n'est-il pas indispensable de s'en assurer au plus tôt, et peut-on s'en assurer autrement qu'en l'attaquant sur un front où nous sommes prêts et où il n'est pas encore en retraite ? Et si la bataille de l'Aisne n'aboutit qu'à un résultat local : conquête du massif de Laon, dégagement de Reims, décollement de la Champagne, ce résultat est-il si négligeable ?

Quels sont, d'autre part, les risques quand on part avec 50 D. I., si on s'engage convenablement avec, derrière soi, ses fils de fer et sa position intacte, et des fronts passifs suffisamment commandés et tenus ? *Si on ne veut pas les courir, il faut repenser à la paix sans victoire.*

V. — Il s'agit en somme de savoir si nous voulons livrer la bataille de 1917, car la preuve que dans deux mois la situation sera plus favorable est difficile à faire. Les troupes seront détendues moralement ; l'ennemi aura pris conscience de sa supériorité, puisque nous aurons abandonné, sans tenter la chance, tout notre plan.

A l'encontre de ces inconvénients, à quels avantages pouvons-nous prétendre : la fin de l'anarchie russe ? il serait peut-être sage de profiter du moment où il existe

encore une armée de ce nom ; l'entrée en ligne des
Etats-Unis ? c'est à notre Gouvernement qu'il appar-
tient d'en obtenir la déclaration avant le 8 avril, de
manière à lui donner la seule portée qu'elle puisse
avoir : la portée morale. Les ennemis de l'intérieur n'at-
tendent pas, pour nous forcer à la paix, que cette alliance puisse avoir une portée pratique, sous forme de
contingents nombreux prêts à partir à l'assaut un jour
sur notre front.

Nous sommes assurés, le 10 avril sur l'Aisne, d'éclaircir la situation et de remporter tout au moins un succès
honorable. Espérons que l'ennemi voudra bien attendre
jusque là, mais ne prolongeons pas au delà, de notre
fait, une période d'incertitude sans cesse grandis-
sante, alors qu'aucun plan nouveau ne peut sortir de
cette incertitude, si ce n'est celui de rester dans l'inaction et de subir la volonté du boche.

Signé : R. Nivelle.

*
* *

Cependant, en même temps qu'il donnait tous
ses soins à la préparation de l'offensive franco-
britannique, le général Nivelle ne perdait pas de
vue le juste précepte proclamé, et malheureusement,
de par la faute des gouvernements, resté jusqu'alors
sans valeur : l'unité d'action sur l'unité de front.
Et il invitait instamment le général Cadorna, ainsi
que le général Alexeieff, à engager des offensives
générales sur les fronts d'Italie et de Russie aux
heures mêmes où ferait rage la grande bataille
d'Occident.

Le 16 mars, les deux dépêches suivantes furent adressées, la première, au général de Gondrecourt, notre attaché militaire à Rome, la seconde au général Janin, chef de notre mission auprès du G. Q. G. russe, pour communication aux deux généralissimes :

A. — Général Commandant en chef a général de Gondrecourt.

Prière de faire au général Cadorna la communication suivante :

Primo. — En réponse à votre lettre du 6 mars, j'ai, l'honneur de porter à votre connaissance que l'attitude de l'ennemi devant le front franco-britannique m'a amené à décider, d'accord avec le Haut Commandement anglais, de déclencher notre offensive commune, au début d'avril.

La date fixée est le 8 avril, et j'estime qu'elle ne saurait être différée.

Secundo. — Le recul allemand devant une des armées d'attaque anglaise, et les indices multiples de l'extension de ce mouvement devant une partie importante du front français, montrent que l'ennemi a l'intention de se dérober à la bataille préparée et d'augmenter en même temps le nombre de ses disponibilités.

Tertio. — Reculer la date de notre offensive serait donc faire le jeu de l'ennemi et lui donner peut-être la possibilité de nous devancer. C'est pourquoi je ne peux pas envisager, même dans les conditions où vous me le proposez, un retard quelconque à l'exécution de nos attaques.

Quarto. — J'ai demandé, en conséquence, de la façon la plus pressante, au général Alexeieff de déclencher l'offensive des armées russes à la même époque et de lui donner toute la puissance et tout le développement possibles.

J'ai insisté sur ce fait que les armées françaises et anglaises rechercheraient sur leur front des résultats décisifs en y consacrant sans arrière-pensée toutes leurs forces, et je lui ai dit qu'à cette période capitale de la guerre je comptais sur la coopération entière des armées russes, non seulement pour retenir devant elles les forces ennemies s'y trouvant, mais encore pour poursuivre, elles aussi, des résultats.

Quinto. — Je demande de même à Votre Excellence de déclencher ses attaques vers le début ou le milieu d'avril. J'estime, en effet, comme vous, que le succès des opérations dépendra essentiellement de leur simultanéité sur tous les fronts.

Sexto. — Il ne saurait d'ailleurs vous échapper que les offensives franco-britanniques sur le front occidental constituent actuellement la meilleure collaboration que ces armées puissent donner aux Armées italiennes.

En prenant ainsi l'initiative des opérations, nous empêcherons certainement toute offensive contre votre front, tandis que si nous différions nos attaques jusqu'au milieu de mai, et que l'ennemi vous attaque à ce moment-là, nous ne pourrions plus que vous prêter un appui indirect.

Septimo. — Si nos offensives se développent heureusement, elles attireront sur elles des forces ennemies de plus en plus nombreuses, au fur et à mesure de leurs progrès.

Si, au contraire, elles sont arrêtées, et si l'ennemi porte son effort contre vous, il nous sera peut-être possible de vous donner vers la fin de mai un appui direct.

Signé : R. NIVELLE.

B. — Général Commandant en chef a général Janin.

Prière de faire au général Alexeieff la communication suivante :

Primo. — D'accord avec le Haut Commandement britannique, j'ai fixé au 8 avril la date du déclenchement des offensives d'ensemble sur le front occidental.

Cette date ne saurait être différée.

Secundo. — L'ennemi, en effet, a commencé à se replier devant une partie du front d'attaque anglais : il prépare activement l'extension de son mouvement de repli devant une partie du nôtre, dévoilant ainsi son intention de se dérober à la bataille par une manœuvre qui lui permet en outre de se créer de nouvelles et d'importantes disponibilités.

Tertio. — Il faut donc que nous attaquions le plus tôt possible, non seulement pour éclaircir la situation, mais encore parce que reculer la date de notre offensive serait faire le jeu de l'ennemi et nous exposer en outre à être devancés par lui.

Quarto. — Il a été décidé à la Conférence tenue à Chantilly les 15 et 16 novembre 1916, que les armées alliées rechercheraient en 1917 la mise hors de cause des armées ennemies par des actions offensives déclenchées simultanément sur tous les fronts, et comportant l'emploi du maximum de moyens que chaque armée pourrait mettre en œuvre.

Quinto. — Je consacrerai à notre offensive sur le front occidental toutes les forces des armées françaises, parce que je recherche des résultats décisifs dont l'obtention à cette époque de la guerre ne saurait être différée.

Sexto. — Je vous demande, en conséquence, de déclencher également l'offensive des armées russes vers le commencement ou le milieu d'avril. Il est indispensable que vos opérations et les nôtres soient simultanées, à quelques jours près, faute de quoi l'ennemi conservera la libre disposition de réserves suffisamment importantes pour arrêter dès l'origine l'une ou l'autre de nos offensives.

Septimo. — Etant donnée l'influence capitale des opérations prochaines sur l'issue de la campagne, je compte que l'offensive des armées russes aura pour but, comme la nôtre, de rechercher devant leur front des résultats décisifs, et par suite qu'elle sera montée pour durer et que, dans son exécution, elle sera poussée jusqu'au bout.

Octavo. — J'ajoute que jamais la situation ne sera aussi favorable pour les armées russes puisque la presque totalité des disponibilités allemandes sont sur notre front et qu'elles s'y augmentent chaque jour.

Signé : R. Nivelle.

Ces télégrammes, d'une netteté si impressionnante, et desquels ressortait l'intention implacable de livrer enfin l'immense bataille générale d'où seule pouvait surgir la victoire, restèrent vains. Le général Cadorna, hypnotisé par la crainte d'une attaque au Trentin, se montra d'abord disposé à éluder ses engagements antérieurs, puis à n'apporter aux opérations d'ensemble qu'un concours insignifiant. De son côté, le général Alexeieff réclama certains délais, sans doute en raison des événements intérieurs de la Russie et de la chute du Gouvernement Impérial.

Aussi, le 21 mars, le général Nivelle crut-il devoir faire part au Ministre de la guerre des inquiétudes que lui suscitait l'attitude de nos alliés lointains. Il écrivit à M. Painlevé la lettre suivante, en sollicitant une haute intervention auprès des gouvernements de Rome et de Pétrograd :

LE GÉNÉRAL COMMANDANT EN CHEF A M. LE MINISTRE DE LA GUERRE.

(Cabinet.)

Les derniers télégrammes de M. Paléologue et du général Janin ainsi que celui du général de Gondrecourt indiquent que nos alliés Russes et Italiens ne paraissent pas décidés à coopérer aux opérations offensives du front occidental dans la forme et à l'époque qui ont été convenues à la conférence de Chantilly des 15-16 novembre 1916.

Les décisions prises à cette conférence stipulent que toutes les armées alliées entreprendront *simultanément* leurs opérations offensives, et que celles-ci comporteront la mise en œuvre du maximum de moyens dont disposeront alors les diverses armées.

Pour les raisons que vous savez, l'offensive franco-britannique doit être déclenchée au début d'avril et j'ai demandé en conséquence aux Commandants en chef russe et italien de lancer leurs attaques à la même époque.

En ce qui concerne les Russes, l'engagement de leurs armées dans des opérations de grande envergure est indispensable non seulement pour le développement de nos opérations elles-mêmes, mais encore pour permettre en Russie l'établissement d'un régime politique stable.

Je télégraphie en conséquence au général Janin pour qu'il insiste de nouveau auprès du Haut Commandement russe sur la nécessité *militaire* de ne pas retarder la date de son offensive, et je vous demande de donner à M. Paléologue des instructions pour qu'il agisse de même auprès du Gouvernement russe.

Quant aux Italiens, la question se pose d'une manière différente.

Il me paraît certain que le général Cadorna, préoccupé par l'éventualité d'une attaque austro-allemande dans le Trentin, ne tiendra pas les engagements qu'il a pris vis-à-vis de nous et qu'il n'apportera à nos opérations d'ensemble qu'une collaboration insignifiante.

Sans parler des conventions générales auxquelles le Haut Commandement italien a souscrit à la Conférence de Chantilly, le général Cadorna m'a affirmé, lors de ma visite à son Q. G., que toutes ses dispositions étaient prises pour passer à l'offensive sur « la fronte Giulia » (Isonzo), et peut-être même sur le plateau *des 7 Communi* (front du Trentin), au commencement d'avril. Il me l'a répété dans une lettre en date du 21 février 1917, mais en entourant déjà ses promesses de certaines réticences.

Depuis lors, l'augmentation des forces ennemies sur le Carso, la crainte d'une attaque austro-allemande dans le Trentin (qu'il estimait d'abord impossible avant la mi-mai, et qu'il paraît à présent redouter dès le 15 avril), le repli même des Allemands sur le front occidental, tout indice et toute hypothèse sur les projets de l'ennemi, contribuent à rendre le Haut Commandement italien plus inquiet et moins disposé à coopérer efficacement à nos actions offensives.

J'estime cependant que l'offensive des armées italiennes est indispensable aussi bien pour la réussite de nos opérations d'ensemble que dans leur propre intérêt.

C'est pourquoi j'appelle très sérieusement votre attention sur l'attitude du Haut Commandement italien à l'heure présente, et je vous demande d'intervenir auprès du Gouvernement italien, d'accord avec le Comité de guerre britannique, pour exiger que le général Cadorna se conforme aux décisions prises antérieurement.

Il me semble que cette intervention serait particulièrement opportune au moment où le général Robertson vient de partir pour l'Italie, accompagné de deux de nos officiers, le général Weygand et le colonel Hellé.

Signé : NIVELLE.

Cependant, toutes les adjurations de notre Généralissime demeurant infructueuses, et l'offensive franco-britannique étant engagée tant sur l'Aisne et en Champagne qu'en Artois, un suprême appel fut encore adressé le 19 avril à la fois au Grand Quartier Général italien et au Grand Quartier Général russe. Il suffit de reproduire celui que le général de Gondrecourt fut chargé de transmettre au général Cadorna.

CHEF MISSION MILITAIRE FRANÇAISE

(G. Q. G. ITALIEN).

Veuillez transmettre au général Cadorna le télégramme suivant :

1° Je reçois votre télégramme du 18 avril. J'en conclus que vous n'estimez pas être encore suffisamment fixé sur les intentions et les possibilités des Allemands pour engager vos disponibilités dans une offensive de grande envergure sur l'Isonzo.

2° La bataille est entamée sur notre front depuis Lens jusqu'à Auberive.

3° Sur les treize divisions récemment formées en Allemagne, dix sont engagées sur le front franco-britannique et trois sur le front russe. La 216ᵉ division vient d'arriver de Roumanie et est entrée en ligne hier à Verdun. La 2ᵉ division, récemment arrivée de Russie, est engagée en Belgique. Quant aux divisions qui étaient en réserve en France, onze ont déjà été portées en ligne pendant les deux premiers jours de la bataille ; les autres sont certainement toujours présentes en arrière de notre front et je les obligerai à s'engager. Les Allemands ne pourront envoyer avant longtemps, aucune de ces divisions sur un autre théâtre d'opérations.

4° Le moment est donc des plus favorables pour une offensive de votre part.

5° Puisque la saison et les préparatifs déjà effectués vous permettent d'attaquer dans un court délai sur l'Isonzo, je vous demande très instamment d'exécuter cette offensive. Il me paraît que la quantité d'artillerie dont vous disposez est suffisante, tout en conservant la sécurité nécessaire du côté du Trentin.

6° Je demande d'autre part au général Alexeieff de prendre l'offensive sur le front russe.

7° Il est hors de doute que l'offensive sur tous les fronts empêchera nos ennemis de reprendre l'initiative des opérations. Elle assurera la concordance des efforts prévue à la Conférence de Chantilly.

Signé : Nivelle.

*
* *

Tout fut vain. Malgré tant de prières appuyées sur les raisons les plus hautes et les plus légitimes, Russes et Italiens demeurèrent l'arme au pied, tandis que Français et Anglais se lançaient à l'attaque de formidables positions allemandes. Une inactivité totale persistera sur le vaste front oriental jusqu'à la fin de juin, époque à laquelle Broussiloff et Korniloff déclencheront leur offensive de Volhynie-Galicie. Le 14 mai seulement, Cadorna se décidera à une attaque générale sur l'Isonzo et le Carso. Et, à cette date précise, la bataille d'Occident étant close sur le front français, alors qu'elle se poursuivait dans le secteur britannique, le général Nivelle sera remplacé dans son commandement suprême par le général Pétain.

Dès lors, et pour longtemps — jusqu'après les défaites du printemps 1918 — toute opération d'envergure disparaîtra des horizons de la terre française, toujours violée, sinon résignée. En 1917, comme en 1916, comme en 1915, les Alliés se battront en ordre dispersé sur l'immense champ de bataille européen. Les ruines et les cadavres s'accumuleront, inutiles. D'une part, le principe nécessaire de l'unité de commandement, restera résolument méprisé ; d'autre part, nul esprit offensif ne vivifiera plus les sacrifices indéfinis de la France.

CHAPITRE VIII

LA PRÉPARATION DE L'OFFENSIVE FRANÇAISE[1].

De son côté, l'offensive française avait-elle, dans ses éléments particuliers et divers, atteint le degré de préparation suffisante au soutien d'une bataille, qui peut être comparée à une « gigantesque machine d'assauts dont les organes essentiels doivent avoir été minutieusement agencés..., dont toute la complication matérielle doit pouvoir répondre à la volonté du chef de guerre qui l'a voulu telle ». Bataille au surplus hérissée de difficultés, puisqu'il s'agissait, pour les armées françaises, d'enlever le formidable bastion profilé de crêtes et strié de ravins qui, de Laon à Reims, constituait le point d'appui central de la façade défensive allemande.

Un général en chef, pénétré de la vérité stratégique qui préside aux opérations de toute époque entre l'Oise et le Rhin, est amené nécessairement à se rendre maître des falaises courant au nord de l'Aisne; car, sans leur possession, il risque d'être mis en grave échec au cours des mouvements en avant de ses ailes. En 1918, la Xe armée, du général Mangin, devra aborder de front ces redou-

---

1. La majeure partie de ce chapitre est empruntée au rapport de M. Bérenger, établi après enquête, et lu à la Commission sénatoriale de l'armée le 17 juillet 1917.

tables positions, et devant elles ne mesurera pas les plus sanglants efforts.

Le général Nivelle avait donc pleinement raison de « faire porter l'effort principal de son offensive sur le quadrilatère de hauteurs et de creutes qui s'étend de La Fère à Soissons et de Laon à Reims ». La seule question à ce sujet revient à examiner s'il avait rassemblé l'ensemble des moyens indispensables au succès.

Or, quelques semaines avant l'offensive plus de 1.400.000 hommes étaient concentrés devant le futur champ de bataille. Les corps étaient échelonnés en profondeur, de telle manière que ceux placés en réserve pussent entrer en ligne, sitôt ouverte la phase d'exploitation.

A la date du 7 avril, le nombre des canons de 75 prêts à mettre en batterie s'élevait à 2.700 ; celui des canons lourds atteignait 2.300, dont 1.505 à tir lent et 790 à tir rapide. Les canons de tranchées dépassaient plusieurs milliers[1].

Ces diverses pièces disposaient d'un stock de 23 millions d'obus de 75 et d'environ 9 millions de projectiles d'artillerie lourde.

« Les mitrailleuses, les fusils, les grenades étaient accumulés en quantités énormes. »

Plus de 200 chars d'assaut, arme nouvelle, étaient prêts à entrer en ligne.

---

1. Voir, aux Annexes, la situation détaillée de l'armement et des munitions au jour de l'offensive.

L'aviation balançait celle de l'adversaire, tout au moins en nombre, — « si la qualité des appareils et surtout des équipages laissait trop souvent à désirer ».

De plus, pour que les chiffres précédents prennent toute leur signification, il importe dès maintenant de remarquer qu'au moment de l'arrêt de la bataille, notre stock d'obus s'était encore maintenu aux quatre cinquièmes de son plein, et qu'une pièce de canon seulement sur trente avait été mise hors de service par suite d'accidents de tir.

Les armées d'attaque étaient donc largement pourvues en artillerie et en munitions. Les plaintes qui se sont produites, exagérées au surplus par l'esprit de parti, eurent pour seules causes la défectuosité dans les transports et l'embouteillage des chemins. Néanmoins, dans leurs différents rapports, les généraux commandant les armées, sauf unique exception, ont reconnu et affirmé qu'aucune unité n'avait manqué de munitions.

Ils ont ainsi rendu compte au Général en Chef :

Le 21 mai, le général Humbert, commandant la IIIe armée : « Il résulte des rapports fournis par les trois corps d'armée, rapports ci-joints, qu'au cours des récentes opérations aucune unité n'a manqué de munitions (artillerie, grenades, artifices). »

Le même jour, le général Maistre, commandant la VIe armée en remplacement du général Mangin : « Il résulte des comptes rendus que les corps d'armée ont reçu pendant la période des opérations toutes les munitions nécessaires. »

Le 24 mai, le général Franchet d'Espérey, commandant le G. A. N. : « L'examen des divers comptes rendus fournis par les corps d'armée prouve d'une manière générale, que les unités ont reçu, pendant la période d'opérations, toutes les munitions nécessaires ; en particulier, le 32ᵉ corps, où les plus grandes difficultés paraissent s'être produites, affirme n'avoir jamais manqué, au sens absolu du mot, de munitions, de grenades ou d'artifices. »

Le 27 mai, le général Anthoine, commandant la IVᵉ armée, a remis un rapport plus détaillé dont quelques extraits méritent d'être reproduits :

« A aucun moment les unités ayant pris part aux opérations de la IVᵉ armée n'ont manqué de munitions, de grenades et d'artifices. Les ravitaillements nécessaires ont toujours été assurés, bien que les consommations aient fréquemment dépassé les prévisions initiales, surtout en ce qui concerne les grenades et les artifices.

« Le ravitaillement en munitions d'artillerie en particulier a fonctionné de telle manière :

« 1° Qu'à la date du 10 avril, date primitivement fixée pour le commencement de la préparation d'artillerie, les batteries avaient auprès d'elles un approvisionnement de trois jours et demi à cinq jours et demi de feu, suivant les calibres, et que l'Armée avait également dans ses dépôts de trois à cinq jours de feu.

« 2° Que, pendant toute la préparation d'artillerie, l'approvisionnement des batteries a été maintenu au taux minimum de deux jours et demi de feu.

« 3° Que le 17 avril, à 18 heures, et avant le ravitaillement de la nuit, les batteries disposaient encore, en moyenne, de deux à trois jours de feu, et qu'il restait dans les dépôts d'armée environ deux jours et demi de feu.

« 4° Qu'au cours des opérations ultérieures, l'approvisionnement d'ensemble a toujours oscillé entre quatre et cinq jours de feu, celui des batteries ne descendant, en moyenne, jamais au-dessous de deux jours, après chaque journée de combat.

« Les allocations en grenades et artifices ont permis de faire face à tous les besoins. »

Seul, à la date du 13 mai, le général Mazel, commandant la Ve armée, a fait certaines réserves. Tout en reconnaissant qu'aucune unité n'avait été arrêtée par le manque de munitions, grenades ou artifices, il a constaté que les allocations étaient restées inférieures à celles que les unités auraient désiré recevoir. Cependant, d'après ses propres calculs, ses batteries étaient approvisionnées à une moyenne d'environ huit jours de feu. Mais, certains trains transportant soit des munitions spéciales, soit des appoints de charges, impatiemment attendus par quelques batteries, subirent de longs retards. De plus, la proportion de charges pour le tir aux grandes distances fut généralement trouvée faible pour une opération dans laquelle il s'agissait d'enlever trois positions successives.

« C'est probablement, conclut le général Mazel, pour ces différents motifs que certaines unités d'artillerie *ont pu avoir le sentiment* que les munitions *feraient* défaut. »

De même le Commandant de la Ve armée estima n'avoir reçu que la moitié des grenades réclamées.

Par ces différents témoignages, l'histoire sera en mesure de reconnaître que les armées françaises, pendant l'offensive d'avril 1917, ne manquèrent pas à pied d'œuvre des moyens matériels nécessaires à la bataille. Pourtant, il est indéniable que les voies d'alimentation des secteurs d'attaque n'étaient pas portées au point voulu du rendement désiré.

Une seule voie normale d'avant-guerre, celle de Reims à Braine, desservait le front des opérations. Complétée en principe par plusieurs raccordements et de nombreuses voies ferrées de 0^m 60, poussées elles-mêmes jusqu'aux lignes de feu, elle ne fut pas équipée avec l'ampleur utile. De même, les deux nouvelles voies normales Fismes-Bouleuse et Fismes-Reims, non achevées à temps, ne furent pas aménagées en vue de débarquements rapides des troupes et des munitions. Bien mieux, la grande gare régulatrice, fixée à Connantre, entre Sézanne et Fère-Champenoise, ne sera pas utilisée en dernière heure par suite de rivalités bureaucratiques entre les gares régulatrices de Troyes et de Noisy-le-

Sec. On peut s'étonner que de semblables et coupables dissensions n'aient pas été brisées et suivies des sanctions les plus dures.

D'autre part, si 250 kilomètres de voies étroites sillonnèrent l'arrière du champ de bataille, le débit de ces voies resta au-dessous des prévisions, par suite de la mauvaise qualité du ballast, de l'insuffisance du personnel, du déficit en machines et en matériel roulant. Enfin, le dégel de l'équinoxe, survenant après les grands froids de l'hiver, transforma en bourbiers crevés d'ornières, les routes construites en vue de l'offensive ; en conséquence, les transports automobiles se heurtèrent à des difficultés insuffisamment prévues.

C'est ainsi que, sans doute, les munitions accumulées dans les parcs, parvinrent avec retards et par à-coups, jusqu'aux unités engagées ; celles-ci « purent avoir le sentiment » que subitement les munitions pouvaient faire défaut.

« L'énorme machine, dit le rapport Bérenger, était bien là, préparée et outillée ; mais ses transmissions, trop hâtives et trop faibles pour une aussi lourde masse, n'ont que faiblement fonctionné. Et cette faiblesse a pesé sur toute l'offensive : on peut même dire que c'est elle qui a rendu illusoire la seconde partie du programme de rupture. »

Cette appréciation, certes, est exacte bien qu'elle s'applique au seul front de l'Aisne et qu'une évolution dans le plan général de la large bataille restât une possibilité parmi les péripéties de la lutte.

Selon la maxime napoléonienne, un plan de bataille, comme un plan de campagne, n'est pas chose invariable, immuable, quoi qu'il arrive. Il se modifie au courant des événements ; et ainsi éclate la valeur d'un général en chef. Mais ce général en chef ne saurait être équitablement condamné, si, tout maître fût-il de sa pensée et de sa volonté, il ne possède ni la liberté de son initiative ni l'indépendance de ses gestes.

Et d'ailleurs, la responsabilité du système des transmissions indispensables au développement régulier de l'offensive, n'incombait-elle pas aux généraux d'armée ? Leur contrôle ne devait-il pas s'exercer sur tous les détails propres à assurer le succès des divisions placées sous leur commandement ? De son quartier général lointain, un généralissime absorbé par d'immenses soucis, ne peut et même ne doit tout voir, sous peine de manquer à sa tâche propre ; et si des lieutenants, en des jours critiques où chaque heure est précieuse, ne remplissent pas l'intégralité de leurs devoirs limités, c'est à eux que des comptes implacables doivent être demandés. Mais combien présidèrent avec mollesse à la préparation d'une offensive en laquelle ils avaient perdu la foi !

Pourquoi cette foi, restée entière jusqu'à une époque malaisée à préciser, s'était-elle progressivement affaiblie, sans que pourtant fût intervenu aucun événement militaire imprévu ? — C'est là l'un des points les plus douloureux qui puissent être touchés ; car il affecte à la fois en haut les responsabilités du pouvoir, en bas la discipline des troupes.

Consciemment ou non, — par ses entretiens particuliers avec des généraux, devant lesquels il accumulait ses objections contre l'offensive, M. le Ministre de la guerre avait émoussé la confiance de ces généraux dans leur chef suprême et dans la victoire. Puis, de ces entretiens mêmes et des confidences transmises, des germes délétères filtrèrent à travers les états-majors, pour se répandre ensuite parmi certains cadres et services. A quoi bon, pensait-on, user son ardeur aux fins d'une entreprise, d'avance condamnée par les premiers rôles [1] ?

Et c'est ainsi que, petit à petit, aux premières

1. Dans son livre « 1914 », le maréchal lord French écrit à propos d'une intervention de lord Kitchener, ministre britannique de la guerre, survenu brusquement à Paris le 1er septembre, à la veille de la bataille de la Marne :

« Il est très difficile à d'autres qu'à des soldats de comprendre la portée et le sens d'incidents comme celui qui venait de se passer à Paris. Si la confiance des troupes dans leur chef est ébranlée, si peu que ce soit, si son influence, son pouvoir, son autorité sont affaiblis par un doute jeté sur son habileté professionnelle, si discrète que soit l'expression de ce doute, l'effet réagit immédiatement sur l'armée tout entière. Cela est vrai surtout dans les moments comme celui-là, pour des troupes qui doivent donner tant et de si grandes preuves de leur courage, de leur endurance et, par-dessus tout, de leur *foi* en leurs chefs. »

Et ailleurs : « Je voudrais insister, avec une force particulière, sur le danger d'une ingérence gouvernementale dans le commandement d'un général en chef en campagne. L'intervention de Stanton auprès de Mac Clellan, pendant la guerre civile américaine, devrait être un avertissement suffisant. »

semaines de 1917, la discipline d'en haut n'était plus la même que celle demeurée intacte en 1915 et en 1916. On critiquait trop ; et toute critique tend à limiter l'obéissance. Trop nombreux, apparaissaient aux yeux éveillés, les symptômes d'un relâchement grandissant.

Cependant à la veille même de l'offensive, la confiance de nos troupes, considérées dans leur masse, était absolue, non seulement dans le commandement, mais en elles-mêmes. Tous, officiers du rang et soldats, qui, dans la première semaine d'avril, passèrent dans la capitale, déclarèrent unanimement que jamais, depuis le début de la guerre, ni à Verdun, ni sur la Somme, on n'avait vu accumulation de bataillons, de canons, de munitions semblable à celle dont ils étaient les témoins sur l'Aisne et en Champagne ; tous affirmèrent leur certitude du succès. Généralement ils se refusaient même à discuter de timides objections, tirées de la solidité des armées allemandes et de la puissance de leurs positions défensives.

Ainsi, le matin de Waterloo, les suprêmes soldats de Napoléon étaient, sans exception, assurés de coucher le soir à Bruxelles.

Or, des circonstances analogues à celles qui, à l'aurore du 18 juin 1815, coopérèrent au salut de l'armée anglaise, vinrent, au milieu d'avril 1917, opposer des forces naturelles à un magnifique élan. Des bourrasques de pluie et de neige, consécutives à un hiver glacial, balayèrent durant plusieurs semaines le champ de bataille choisi, transformèrent les terres en des bourbiers où s'enlisaient fantassins et pièces d'artillerie ; les routes devinrent des pistes ravinées et gluantes. Peut-être eût-il été alors prudent, d'imposer à l'offensive non des retards successifs, mais un ajournement raisonné ? — La fatalité des immenses machines de guerre modernes, minutieusement montées, agencées en vue d'une bataille de longue durée, conduit au mépris des contingences immédiates auxquelles n'obéissaient déjà pas les armées d'autrefois, petites et mobiles. Et la proximité de l'équinoxe ne saurait être invoquée contre le commandement français, puisque l'année suivante, le jour même de l'équinoxe du printemps fut choisi par Hindenburg pour la rupture méditée du front britannique. Le maréchal allemand ne retint donc pas comme fondée l'erreur gratuitement attribuée à son adversaire passé.

La vérité est qu'à la guerre des risques sont toujours à courir, d'autant plus grands que de plus grands résultats sont visés. On ne gagne que les batailles que l'on livre. Nul ne sait si la mauvaise chance apparue à la veille de l'action, ne sera pas encore amplifiée par une hésitation ; celle-ci, incapable de commander à la nature, ne jettera-t-elle pas le trouble et le doute dans l'âme de ceux qui partout, sous le soleil des Pyramides comme dans les neiges d'Eylau, sont les tâcherons de la victoire.

Et ces simples ouvriers, en ce maussade avril, durant lequel s'effeuillaient l'une après l'autre les

veillées des armes, s'offraient réellement admirables.
Le Président de la République, les présidents des
deux Chambres, venus aux armées, étaient frappés
de l'allure martiale des troupes sous les armes, de
l'attitude des isolés saluant aussi joyeusement que
fièrement ; ils ne savaient comment en féliciter le
Généralissime. Pour rappeler un mot célèbre, chez
ces vainqueurs de Verdun et de la Somme, l'honneur et le courage sortaient par tous les pores ; et
puis, dans un instant d'abandon, M. Poincaré ne
venait-il pas de proclamer « qu'enfin ces soldats
avaient un chef » !

Plus tard le commandant d'une division qui, par
delà les premières lignes allemandes enlevées,
sera laissée seule de 8 heures du matin à la nuit,
exposée aux contre-attaques allemandes dans
l'attente de réserves invisibles, écrira ces lignes
amères :

« Pour aller plus loin, il fallait de l'audace, et
la plupart des généraux n'en avaient pas. *Ils
étaient vaincus avant de se battre*, estimant que la
besogne qu'on leur assignait était trop grande
pour leurs forces. *Que de fois ne l'ai-je pas
entendu dire !* — Cependant les troupes étaient
enthousiastes et ne demandaient que la bataille ;
celles de la Xe armée furent navrées de ne pas
intervenir. »

Un chef plein de confiance en ses conceptions,
des soldats animés d'une foi entière en eux-
mêmes ; et entre eux, quelques généraux, stérilisés

par le doute que dans leur âme vacillante avaient dilué des politiciens ; telle est la vérité fixée par un témoin. Vérité douloureuse, à la lumière de laquelle s'éclaire une page volontairement obscurcie de la guerre universelle !

*
* *

L'un des services dont le fonctionnement prêtera à de véhémentes critiques sera le « Service de Santé ». — Il n'entre pas dans le cadre de cette étude d'ouvrir une discussion nouvelle sur des points qui réclament une compétence spéciale. D'une manière générale, il suffit de constater qu'aux termes mêmes d'un rapport du professeur Delbet, établi au nom de la Commission supérieure du service de santé, les prévisions, loin d'être inférieures aux besoins, avaient été, au contraire, très largement arrêtées. Dans le seul G. A. R., on pouvait disposer de 60.000 places, alors que dans les dix premiers jours de la bataille, c'est-à-dire du 16 au 25 avril inclus, le chiffre des blessés ne dépassa pas 54.000.

Quant à la responsabilité de certaines défectuosités, elle porte tout entière, non sur le commandement des armées, mais sur le Ministre de la guerre et le Sous-secrétaire d'État du service de santé, qui avaient substitué leur autorité à celle du Généralissime.

La lettre suivante fixe nettement ce déplacement des responsabilités. De plus, quoique adressée au général Lyautey, elle montre quelle amertume, un mois après sa prise de commandement, remplissait déjà l'âme d'un soldat, en butte aux plus sourdes intrigues.

Au Q. G. G., le 18 janvier 1917.

Le général commandant les armées du nord
et du nord-est à M. le Ministre de la guerre.

Les journaux du 16 janvier courant contenaient une communication d'origine certainement officieuse, puisqu'elle figure, dans les mêmes termes, dans tous les journaux, — qui dénature de la façon la plus complète les dispositions arrêtées, le 14 janvier, dans votre cabinet, avec M. le sous-secrétaire d'Etat du service de santé.

De cette communication, il résulterait que le service de santé aux armées passerait entièrement sous l'autorité directe du sous-secrétaire d'Etat du service de santé ; de sorte qu'on se trouverait en présence de cet étrange paradoxe que le commandant en chef, responsable du fonctionnement du service de santé aux Armées, de l'état sanitaire des troupes, n'aurait plus d'autorité sur ce service.

Il y a un décret sur le service des Armées en campagne qui établit nettement (art. 2, 3, 9, 14) que le service de santé aux armées est placé, comme tous les autres services, sous la seule autorité des commandants d'armée et du commandant en chef.

Tant que ce décret n'aura pas été rapporté, tant que ma responsabilité subsistera, je ne saurais accepter une mainmise directe sur ce service. — *Aujourd'hui c'est le Service de Santé ; demain, ce sera celui de l'Intendance ; après-demain, les troupes..... il n'y a pas de commandement possible dans ces conditions.*

Afin que ce communiqué ne puisse pas être l'objet de fausses interprétations, j'adresse à tous les commandants d'armée une note prévenant tous les médecins ou officiers du service de santé aux armées, qu'ils s'exposeraient à des sanctions sévères s'ils faisaient quoi que ce soit en dehors de la voie régulière du commandement.

Aujourd'hui, 18 janvier, une autre note, intitulée : « Le contrôle aux Armées » indique les conditions dans lesquelles, d'accord avec le Ministre de la Guerre, les délégués du contrôle parlementaire exerceront leur mandat dans la zone des armées, inopinément, sans être accompagnés, sinon par un officier de leur choix.

Je mets au défi un personnage parlementaire quelconque de dire que je n'ai pas toujours, dans mes commandements antérieurs, notamment comme chef de l'armée de Verdun, accueilli avec empressement tous les délégués, toutes les missions ; que je ne leur ai pas facilité leur tâche de toutes les façons, sans aucun formalisme ; que je n'ai pas tout fait pour que l'armée soit une maison de verre où chacun pût voir ce que nous faisions, se rendre compte du zèle soutenu, du dévouement intelligent que tous apportent à l'accomplissement de leur tâche patriotique et militaire, dans les conditions parfois les plus dures.

Par conséquent, je suis et je reste tout disposé à ce que le but vers lequel tendent les diverses notes dont il s'agit, soit atteint.

Mais ce que je ne peux pas admettre, c'est la forme donnée à ces notes, *leur tendance qui implique la défiance vis-à-vis du commandement, défiance qu'on sème dans le pays, dans l'armée,* qui auraient tant besoin d'une action contraire.

Mener, dans ces conditions, une armée à la victoire, serait une tâche qui dépasse les forces humaines.

Pour ma part, si ces tendances n'étaient pas immédiatement enrayées, je ne pourrais pas accepter plus longtemps la responsabilité du commandement.

NIVELLE.

Cependant le Gouvernement passa outre à cette protestation catégorique ; et si le Service de Santé manqua à sa tâche durant les journées de la bataille d'avril, la seule responsabilité de ses défaillances incombe au Ministre de la guerre et à ses satellites.

CHAPITRE IX

L'OFFENSIVE

D'après le plan adopté, l'offensive devait être engagée par les Anglais le 8 avril, sur le front Vimy-Arras, puis s'échelonner jusqu'au 14, au long des divers fronts d'attaque.

Mais, dès le 4 avril, l'attention du Généralissime avait été appelée sur les difficultés éprouvées par la VIᵉ armée, devant le Chemin des Dames, dans le réglage du tir contre les positions les plus éloignées de l'ennemi. Cette armée, en effet, du haut de ses observatoires terrestres, n'apercevait que les premières lignes allemandes.

En conséquence, les attaques furent retardées de deux jours.

Le 5 avril, le général Nivelle conféra avec le maréchal Haig. Celui-ci déclara que, ses armées étant prêtes, leur artillerie étant à même d'accomplir bonne besogne, en dépit du mauvais temps, il ne voyait que des inconvénients à un ajournement de l'offensive. Il consentit néanmoins à reculer l'attaque de vingt-quatre heures, en la fixant au 9 avril.

A la suite de cette entente, un premier délai de quarante-huit heures fut notifié au général Micheler, dont l'attaque se trouva dès lors reportée au 14.

Le 13, le Généralissime réunit au quartier du général Micheler les généraux Mangin, Mazel, Duchêne, commandant respectivement les VIe, V^e, X^e armées, constituant elles-mêmes le G. A. R.

Le général Mangin réclama un nouveau délai. Le général Mazel, au contraire, estima sa préparation d'artillerie suffisante. Le général Duchêne, placé en deuxième ligne, n'exprima pas d'opinion. — L'attaque fut remise au 16, conformément aux désirs de la VIe armée, chargée du redoutable assaut au nord de l'Aisne. Le maréchal Haig fut avisé de ce dernier contre-temps.

Enfin, le 15, interrogé par téléphone, le général Micheler fit connaître que la préparation d'artillerie était parvenue aux résultats utiles et qu'il n'y avait plus lieu de modifier les ordres donnés. Quelques jours plus tard, il confirmera cette même appréciation, en affirmant qu'à aucun prix l'offensive n'aurait pu subir un retard renouvelé.

Ainsi, l'attaque ne fut lancée qu'après déclararation transmise par les exécutants eux-mêmes, que toutes choses étaient mises au point. Il ne saurait d'ailleurs en être autrement en des batailles engagées contre positions fortifiées. Si, en raison du réglage nécessaire des mouvements assignés aux troupes et au matériel, une date est fixée à l'avance, cette date ne devient définitive qu'après consultations des acteurs, qui seuls ont été en mesure, par leurs reconnaissances terrestres et aériennes, d'apprécier la destruction. Dans une opération d'ensemble, le dernier prêt décide en dernier ressort ; et ce principe banal fut strictement observé, tant en Champagne que sur l'Aisne.

* *

« Commencée brillamment depuis quelques jours déjà dans les armées britanniques, écrit M: Bérenger dans son rapport au Sénat, l'offensive fut déclenchée le 16 avril, à 6 heures du matin dans les armées françaises, au travers d'une tempête de neige, de pluie et de vent. L'aviation, trop centralisée, ne put fonctionner ; l'artillerie, réduite aux observatoires terrestres, repéra médiocrement son tir ; l'infanterie, trop chargée sur des routes de boue, jeta souvent ses grenades et parfois ses fusils. En vain les canons de tranchée détruisirent-ils presque partout la première ligne ennemie ; en vain d'admirables régiments, lancés à l'assaut le plus héroïque, pénétrèrent-ils dans les deuxièmes positions ennemies. Un véritable télescopage se produisit sur ces positions avec le gros de l'armée allemande qui avait reçu l'ordre et qui l'exécuta, de se faire tuer sur les premières lignes plutôt que de reculer. L'ennemi, averti, n'avait pas moins de quatre lignes sur une profondeur de plus de quatre kilomètres. Ces lignes étaient littéralement truffées de mitrailleuses légères, dissimulées dans les creutes innombrables de ces successions de falaises poreuses. L'artillerie ennemie ne fut pas complètement dominée comme le prévoyaient toutes les instructions de notre haut commandement. Les chars d'assaut, après une courageuse attaque de passe près de Pontavert, n'arrivèrent nulle part sur la troisième ligne qu'ils devaient enlever. Les armées assaillantes durent s'arrêter dès les premières heures ; et les encombrements, les embouteillages, les confusions de toute sorte aggravèrent encore la déception d'un arrêt aussi brusque. »

Tel est le tableau exactement brossé de la bataille du 16 avril, à laquelle prirent seules part la VI⁰ armée (Mangin) vers le Chemin des Dames, et la Vᵉ armée (Mazel) entre Craonne et Reims. La IVᵉ armée (Anthoine) en Champagne, et la Xᵉ armée (Duchêne), celle-ci disposée en réserve des armées d'attaque, n'intervinrent pas. Et ceci est d'une importance capitale.

En effet, si incontestablement, l'opération primordiale de rupture n'avait pas été accomplie, si par suite une exploitation de succès n'était plus réalisable sur l'heure, l'armée française n'en couchait pas moins sur les positions allemandes, comme le reconnaît le rapport Bérenger ; et il est singulièrement téméraire de prétendre que « tout le plan d'exploitation intensive s'écroulait ». Ce plan, certes, se heurtait à de hautes difficultés ; ses diverses phases étaient soumises à des retards certains. Mais depuis quand une bataille peut-elle être considérée comme une manœuvre à developpement horaire, regardée comme perdue parce que dès le premier choc, les résultats escomptés n'ont pas été atteints ? S'il eût été imbu d'une semblable conception de la guerre, le Premier Consul n'eût pas gagné la bataille de Marengo, ni l'Empereur celle de Wagram !

Cependant, dès le soir du 16 avril, parlementaires assemblés au quartier général Micheler, commandants d'armée à la confiance depuis longtemps ébranlée, états-majors plus ou moins endoctrinés, s'écrièrent que l'opération était manquée et que son arrêt s'imposait. Seul, Mangin, dont les soldats français et noirs avaient dépassé les limites du sublime, affirmait le succès et réclamait, à tous risques, le mouvement ininterrompu. Ce héros paiera bientôt de son commandement la double manifestation de son élan et de sa foi. Il sera interné, tel un seigneur disgracié de l'ancien régime, à une certaine distance kilométrique de Paris.

Quant au Généralissime, l'événement passager ne l'ébranla point. Le plan grandiose qu'il avait conçu, et dont le déroulement embrassait l'ensemble du territoire stratégique formant équerre entre la Scarpe et l'Argonne n'était pas périmé, pour l'unique raison d'un manque à gagner sur les profits espérés d'une attaque initiale. Tout au plus, ce plan pouvait-il subir les modifications partielles indiquées par les circonstances mêmes de la bataille. Les vastes batailles d'aujourd'hui, presque illimitées dans le temps et dans l'espace, obéissent, comme les étroites batailles d'autrefois, à des principes immuables. La volonté du chef suprême, non enchaînée par des considérations de durée et de surface, maintient seule les soldats vers le but unique qui importe : la victoire ; — et toute bataille engagée doit être poussée à fond. Il n'y a pas, il n'y aura jamais de « demi-bataille » que pour les timides ou les impuissants.

Aussi, pas un seul instant, le général Nivelle ne songea-t-il à rompre la lutte ; mais bien plutôt résolut-il de l'orienter selon les circonstances nouvelles. Dès le 17 au matin, il courait au quartier général du général Micheler ; et là, s'étant entouré de tous les renseignements parvenus dans la nuit, il dictait à 10 h. 30, avec une lucidité et une décision remarquables, l'ordre suivant :

Commandant en chef

à G. A. R.

1º La bataille engagée hier a nettement montré l'inténtion qu'a l'ennemi de tenir ferme sur le front de la VIᵉ armée et de rendre par suite difficiles et coûteux les progrès de votre groupe d'armées vers le nord.

2º C'est donc actuellement vers le nord-est que doit s'axer votre effort en partant de la base qui vous est assurée par les progrès de la Vᵉ armée.

3º Sur le front de la VIᵉ armée, bornez-vous à faire terminer et consolider la conquête des hauteurs sud de l'Ailette, afin d'assurer définitivement notre établissement au nord de l'Aisne.

Nivelle.

Aussitôt, ces ordres donnés, et transmis par le major général aux autres groupes d'armée pour information, le général en chef se transporta auprès de la IVe armée, qui dans la matinée s'était engagée à l'attaque du massif de Moronvilliers. Il rencontra les généraux Pétain et Anthoine, reçut leurs rapports. Le soir, de son train, revenu à Dormans, il adressa au général Pétain, commandant le G. A. C., les instructions définitives dérivant de la conférence tenue avec lui quelques heures auparavant.

17 avril 1917, 21 h. 45.

Général commandant en chef
à l'Etat-Major.

Châlons-Saint-Jacques.

1° Je mets à votre disposition le 10e corps à 3 divisions, pour exploiter, le cas échéant, les avances réalisées aujourd'hui par la IVe armée.

2° Vous aurez à me rendre ultérieurement, quand il vous sera possible, un nombre correspondant de divisions fatiguées et un Etat-Major de corps d'armée.

3° Il est bien entendu que vous devez, non seulement maintenir le terrain conquis, *mais poursuivre votre offensive dans le cadre* où elle a débuté.

Nivelle.

De même, le lendemain 18, le Généralissime se rendait auprès de la Ve armée à Jonchery où il conférait avec le général Mazel, puis auprès de la VIe, à Merval, où il voyait le général Mangin. Tout confirmait l'opportunité des décisions prises au cours de la journée précédente.

★
★ ★

Le 20 avril, au matin, le général Nivelle fut appelé chez le Président de la République, à Paris. Dans le cabinet du chef de l'État se trouvaient MM. Ribot, président du Conseil, et Painlevé, ministre de la Guerre. La discussion fut aussitôt engagée sur les intentions ultérieures du Généralissime.

Celui-ci exposa brièvement les ordres donnés dans les journées précédentes. — *Aucune objection ne fut soulevée.*

Dans l'après-midi du même jour, un entretien semblable eut lieu au quai d'Orsay entre le président du Conseil, M. Lloyd George et le général Nivelle. Le Premier ministre britannique, tout en déclarant incidemment que les difficultés du ravitaillement contraindraient sans doute avant peu l'Angleterre à réduire les effectifs de son corps expéditionnaire en Macédoine, approuva nettement la continuation des opérations offensives. Il indiqua de plus qu'une réunion des Comités de guerre anglais et français devait être prévue à brève échéance, en vue du règlement des opérations complémentaires visant la côte belge.

*
* *

Le 21, à la suite des conférences de la veille, le grand quartier général français adressa à M. le général Wilson, une note maintenant toutes les instructions générales données précédemment avec particulière insistance sur la coordination nécessaire des armées alliées :

Au G.Q.G., le 21 avril 1917.

NOTE POUR MONSIEUR LE GÉNÉRAL WILSON.

Il me paraît utile de préciser mes intentions en ce qui concerne le développement de nos offensives, afin que vous puissiez éclairer complètement Sir Douglas Haig à ce sujet :

1° Bien que la progression des armées d'attaque soit moins rapide que nous l'avions escompté, je ne change rien aux instructions générales pour l'offensive, que j'ai données précédemment, et dont le Maréchal a connaissance. En particulier, aucun arrêt des opérations n'est à envisager.

2° Les armées du G.A.R. et du G.A.C. poursuivent activement la préparation des prochaines attaques devant tout leur front. Celles-ci seront déclenchées à des dates très rapprochées que je vous ferai connaître dès qu'elles seront définitivement fixées.

3° En ce qui concerne l'offensive des armées britanniques, je désire qu'elle se poursuive dans le même temps. Ces armées doivent profiter des opérations engagées devant le front français pour augmenter l'ampleur de leurs attaques et pour viser des objectifs plus éloignés. Leur collaboration à notre offensive commune ne sera en effet réellement efficace que si leur action s'exerce sur une profondeur suffisante pour menacer sérieusement l'adversaire et l'obliger à engager des réserves importantes.

Il est, en outre, nécessaire que les opérations successives entreprises par les armées britanniques, tant pour se rapprocher de la ligne Hindenburg et de la ligne Quéant-Drocourt, que pour enlever ces positions, se poursuivent plus rapidement.

Enfin, en ce qui concerne l'attaque même de ces positions je tiens à insister de nouveau sur l'intérêt qui me paraît s'attacher à prononcer l'effort principal dans la région sud et sud-est de Quéant, de manière à faire tomber par une attaque à revers, la ligne Quéant-Drocourt et pouvoir progresser sans retard en direction de Cambrai et de Douai.

Signé : R. Nivelle.

Le 22 avril, le général Nivelle se rendit au quartier général du général Pétain, pour régler la participation à l'offensive de la IVe armée, qui de nouveau attaquait ce même jour sur le front de Moronvilliers. Puis, à Jonchery, quartier général de la Ve armée, il retrouva le ministre de la guerre, en présence duquel il donna au général Mazel toutes instructions utiles pour l'attaque préparée entre

Reims et Berry-au-Bac. Il fut particulièrement traité dans cet entretien, des besoins de la Ve armée.

Le soir, ministre et généralissime rentrèrent à Compiègne où ils dînèrent ensemble.

*
* *

Ainsi du 16 au 23 avril aucune opposition *officielle* ne s'était manifestée contre la poursuite de l'offensive. Cette poursuite demeurait en apparence approuvée dans les conseils du Gouvernement. Et, cependant, dès le 17 au matin, à l'heure même où sur le front, le général en chef dictait ses ordres dans la pleine liberté d'une volonté sûre d'elle-même, à Paris un travail souterrain préparait la paralysie d'abord, puis l'arrêt total de l'offensive.

Semblable allégation, d'une gravité extrême, puisqu'elle affecte des parlementaires, secrètement dressés contre le loyal soldat dont l'unique pensée restait tendue vers le salut de la France, ne saurait être produite, sans être appuyée par d'irrécusables documents. Ces documents, on les trouvera dans les chapitres prochains.

Mais auparavant, il n'est pas sans intérêt de relire, sur le rôle d'une assemblée en temps de guerre, l'opinion professée par un homme qu'aucun démocrate n'oserait renier, Auguste Blanqui !

« Qu'est-ce donc qu'une Assemblée ?

« Serait-ce une réunion de vertus et de talents, de grands dévouements, de hautes intelligences, une crème de l'humanité, ou même une élite de la nation?

« C'est un ramas de nullités et d'égoïsmes où priment quelques artistes de la parole et certaines habiletés malfaisantes, bientôt les guides du troupeau et les maîtres de tout le monde. Aux jours d'orage et de désastre, quand la patrie chancelle sur sa base, l'égoïsme de toutes ces médiocrités se traduit par des catastrophes. L'instinct qui les domine avant tout, c'est la peur, c'est l'intérêt ensuite. Je ne parle pas de quelques nobles âmes égarées au milieu de cette tourbe. Elles ne peuvent qu'assister impuissantes à cet odieux spectacle. »

BLANQUI.

(*La Patrie en danger*, du 16 novembre 1870.)

CHAPITRE X

L'ÉMOI BRITANNIQUE

Dès le 18 avril, les Anglais, engagés depuis dix jours dans la dure offensive de l'Artois, avaient acquis le sentiment que le Gouvernement français manœuvrait pour mettre un terme aux opérations entamées sur l'Aisne et en Champagne. On devine leur émotion ; celle-ci ressort de la correspondance reproduite ci-après :

I. *Lettre du général Robertson*, chef d'État-Major impérial, au Field-Marshal, commandant en chef les armées en France.

Londres, 18 avril 1917.

Le Premier ministre m'a informé aujourd'hui 18 avril, qu'il avait eu un entretien avec M. Thomas, le ministre français des munitions, et que ce dernier lui avait dit que le Cabinet de guerre français était déterminé à ne pas s'engager dans une lutte prolongée avec l'ennemi, comme celle qui eut lieu pendant la bataille de la Somme, à moins que les opérations françaises en cours ne donnent pendant les quelques premiers jours de combat, une promesse de gains matériels importants à une date rapprochée.

Le Premier ministre m'a donné à comprendre que les vues du Gouvernement français étaient que l'état des effectifs français ne lui permettait pas de supporter de lourdes pertes, que le temps travaillait maintenant pour l'Entente, puisqu'il permettait aux Russes de se rétablir des effets de la révolution, et à l'Amérique de mettre en campagne des forces importantes.

Le Premier ministre s'attend à rencontrer vendredi prochain, 20 avril, le Cabinet de guerre français [1], et il aimerait savoir, auparavant, quel serait, dans votre opinion, l'effet produit si le Cabinet de guerre français donnait l'ordre au général Nivelle de cesser les opérations offensives à une date rapprochée.

P. le chef d'état-major impérial.
F. MAURICE.

II. *Réponse du maréchal Haig.*

19 avril 1917.

Au chef de l'État-Major général impérial,

Ma réponse à la question qui m'a été posée est la suivante :

Dans mon opinion, *la décision de cesser maintenant les opérations offensives*, jusqu'à ce que la Russie et l'Amérique soient en mesure de se joindre à nous (probablement pas avant le printemps prochain) *serait très contraire à la sagesse.*

La lutte suit un cours normal. De grands résultats ne sont jamais obtenus en guerre, tant que la force de résistance de l'ennemi n'a pas été brisée ; et contre un ennemi puissant et déterminé, opérant avec de gros effectifs sur un large front, c'est une affaire de temps et de durs combats.

Les résultats atteints jusqu'ici, cette année, montrent

---

1. Il en fut bien ainsi comme nous l'avons indiqué précédemment.

que nous avons déjà réduit considérablement par nos
efforts antérieurs, la puissance de résistance de l'ennemi.
Les résultats des derniers jours sont hautement encou-
rageants.

La bataille présente se développe d'une façon très
satisfaisante ; et, abandonner les bons espoirs de succès
en ce moment serait très décourageant pour nos armées
et encourageant pour l'ennemi, qui serait laissé libre de
se ressaisir, de se réorganiser et de prendre l'initiative
des opérations sur ce théâtre ou sur un autre.

Tout délai pour obtenir de force la décision augmen-
terait le danger pour notre navigation de la part des
sous-marins et pourrait avoir pour résultat de rendre
les Alliés incapables d'exercer leur maximum de puissance l'année prochaine.

Je considère que *les chances de succès, cette année,
sont remarquablement bonnes*, si nous ne relâchons
pas nos efforts ; et qu'il ne serait ni sage ni sensé — et à
la longue plus coûteux en hommes et en argent — de
suspendre à bref délai les opérations offensives.

Au contraire, tout effort devrait être fait pour inciter
tous les Alliés à faire dès maintenant tout au monde
pour coopérer à la grande offensive afin d'occuper
l'ennemi complètement et partout, comme il a été convenu l'an dernier à la conférence de Chantilly.

D. Haig.

* *

Cette lumineuse démonstration du maréchal
Haig, devait plus tard apparaître prophétique. Car
de ce qu'en fin de compte, les armées de l'Entente
parviendront à abattre la coalition centrale, les

immenses sacrifices d'une année supplémentaire de
guerre, les pertes énormes supportées par la France
par suite de l'invasion poussée aux portes d'Amiens,
au delà de Montdidier et de Château-Thierry, ne
sauraient être négligés dans l'étude des responsabilités historiques.

Le 25 avril, le général Nivelle s'étant rencontré
à Amiens avec le généralissime britannique, celui-
ci le mit au courant de la correspondance échangée
avec le chef d'état-major impérial et ci-dessus reproduite. Le lendemain, sir Douglas Haig fut appelé à
Paris pour conférer avec MM. Ribot et Painlevé.

L'exposé de cet entretien est renfermé dans un
rapport que le commandant Gémeau, membre de la
mission militaire française au G. Q. G. anglais,
adressa le 28 avril à son chef direct, le Général des
Vallières. Ce rapport n'est autre que le résumé
d'une conversation tenue par le maréchal Haig.

Celui-ci, devant le commandant Gémeau fit état
d'une statistique des pertes françaises depuis le
16 avril, statistique invoquée par le président du
conseil Ribot et le ministre de la guerre Painlevé.
Ces pertes, au dire de ces deux personnages politiques s'élevaient à 25.000 tués et 95.000 blessés ;
ému d'une semblable hécatombe, le gouvernement
de Paris n'avait pas caché au Maréchal son intention de suspendre la bataille.

Or, ces assertions de MM. Ribot et Painlevé
étaient fausses ; — et, ce qu'il y a de plus grave,
c'est que l'erreur était consciente, puisque les chif-

fres exacts des pertes avaient été portés, la veille,
par le Généralissime, à la connaissance du Gouvernement. Devant le maréchal Haig, ces chiffres
avaient été majorés dans une proportion inouïe, —
celui des tués de 10.000 et celui des blessés de
30.000 ! — Plutôt donc les ministres avaient-ils
préféré ajouter foi à des bruits sinistres de couloirs
qu'à la documentation officielle du Grand Quartier
Général. Mais comment juger semblables manœuvres, sur lesquelles cependant s'échafaude la destinée d'un peuple !

Peu impressionné néanmoins par les exclama-
tions inquiètes de ses interlocuteurs, le maréchal
Haig, qui s'était intentionnellement muni de tous
documents utiles, avait développé fermement son
avis. « Pièces en mains, dit le rapport Gémeau, il
montra que les armées alliées, et surtout les françaises, retenaient devant elles et usaient le plus
rapidement les plus considérables et les meilleures
des forces ennemies, que le *nombre des divisions
allemandes encore fraîches ne semblait guère
excéder douze*, total notablement inférieur aux
ressources franco-britanniques, que les conditions
intérieures de l'Allemagne étaient précaires et que
les progrès accomplis et les gains obtenus étaient
les indices certains de succès substantiels. »

Puis, énergiquement, le Maréchal avait affirmé
la nécessité de *poursuivre la bataille à fond*, sous
peine de perdre le fruit des efforts et des sacrifices antérieurs, de laisser à l'ennemi le temps d'un

rétablissement avec l'occasion de se targuer d'une victoire, alors qu'il était sous le coup de graves et indéniables échecs. Il avait ajouté que ce n'était pas l'heure d'économiser les hommes, alors qu'une ténacité soutenue amènerait en notre faveur la rupture de l'équilibre. — Vérités dont l'application future libérera la France, — mais seulement dix-huit mois plus tard, après quelles destructions, quelles pertes et quelles angoisses !

Ayant terminé son exposé, le maréchal Haig avait invité nettement le Comité de guerre français à lui faire connaître ses intentions définitives, afin qu'il pût rendre compte à son Gouvernement. Mis ainsi au pied du mur, MM. Ribot et Painlevé avaient finalement déclaré que, dans l'intention du Comité de guerre français, *la bataille devait être continuée sans que les lignes générales du plan d'opérations arrêté de concert fussent modifiées.*

Ces paroles, rappelons-le, ont été solennellement prononcées le 26 avril ; et, dans la soirée, le Généralissime britannique, rassuré, avait rejoint son Quartier Général. Or, à ce moment même le Gouvernement français restait résolu à suspendre la bataille ; — et, pour justifier cette résolution, il ne cherchait qu'un prétexte. Celui-ci sera obtenu dès le lendemain au moyen d'une altération nouvelle de certains chiffres.

CHAPITRE XI

Pour bien saisir la succession des événements
qui se sont déroulés en cette deuxième quinzaine
d'avril 1917, pour suivre heureusement un fil con-
ducteur dans l'enchevêtrement des faits, on doit
avant tout se souvenir de l'opposition foncière de
M. Painlevé à toute offensive, de la constitution du
dossier ouvert par le Ministre de la guerre, dès sa
prise du pouvoir, contre le plan de campagne des
Alliés. Ainsi seulement s'expliquent toutes les
manœuvres tortueuses auxquelles seront incons-
ciemment mêlés de hauts personnages, dont les
intentions ne peuvent être suspectées, mais qui prê-
tèrent une oreille trop complaisante à de singu-
lières suggestions.

Ainsi en fut-il de M. le Président de la République, qui, le 23 avril, sur une sollicitation dont
le moins qu'on puisse dire est qu'elle fut insolite,
entra personnellement en scène. Il importe de
donner textuellement, et sans autre préambule, les
explications de M. Poincaré, d'après le rapport de
M. Bérenger au Sénat :

« Le 22 avril, un jeune député, officier d'état-
major dans le 18ᵉ corps d'armée, VIᵉ armée, M. Ybar-

negaray, vint de la part du général Hirschauer, avertir le Chef de l'État qu'on se préparait à recommencer dans cette armée l'opération coûteuse qui n'avait qu'à demi réussi le 16 avril. M. Ybarnegaray affirmait être l'interprète des officiers et des soldats en demandant que le Président intervînt auprès du Haut Commandement pour faire différer cette attaque. Or, M. le Ministre de la guerre était en mission à la V⁰ armée. C'est alors que le Président, considérant l'urgence, prit sur lui de faire téléphoner à l'officier de liaison du G. Q. G., dûment accrédité par le ministre de la guerre, M. le lieutenant-colonel Herbillon, le message suivant :

« Renseignement téléphonique donné le lundi 23 avril, à 9 heures du matin, par le lieutenant-colonel Renault, de la maison militaire de la Présidence, au lieutenant-colonel Herbillon, officier de liaison, à Compiègne :

« Le Président de la République a été prévenu par des exécutants qu'ils considèrent comme tout à fait prématuré et comme impossible à la date fixée la reprise des attaques sur Craonne et sur le plateau de Vauclerc. La préparation d'artillerie sera très insuffisante ; la dotation du 11⁰ corps en munitions est, du reste, trop faible ; il faudrait plusieurs jours de préparation intensive. Sinon, recommencera, disent-ils, exactement ce qui s'est passé à la première attaque : on perdra beaucoup de monde sans aucun résultat. Il conviendrait d'interroger d'extrême urgence, sur cette situation, non seulement le général Duchêne, mais le général Hirschauer [1]. »

Après avoir expédié ce message, le Président de la République en fit part aussitôt dans la même matinée au Comité de guerre qui précisément tenait réunion. Il reçut de ce Comité une approbation unanime. Puis, M. Painlevé, de retour dans l'après-midi, se déclara entièrement d'accord avec M. Poincaré. Après les faits précédents cet accord était en effet certain.

Mais, remarque le rapport Bérenger, « cette intervention du Chef de l'État ne fut pas interprétée au Grand Quartier Général comme une simple invite à renseignements. Le général Nivelle crut voir, dans ce message, le contre-coup d'une sorte de manœuvre dirigée de l'armée contre son chef auprès du Chef de l'État » ; — et certes, n'avait-il pas tort ? — Aussi, dans la soirée même, adressat-il à l'Élysée un message téléphoné empreint d'une raideur justifiée. Conçoit-on en effet un commandant en chef responsable de formidables opérations, contraint à lutter contre une conjuration de subordonnés cherchant appui auprès du premier magistrat de la nation ?

---

1. Pourquoi pas, avant tous autres, le commandant de la VI· armée, le général Mangin et celui du G. A. R., le général Micheler ?

Message du général Nivelle à M. Poincaré.

« Le général commandant en chef n'a donné aucun ordre ni fixé une date quelconque pour la reprise des attaques sur Craonne et le plateau de Vauclerc.

« Aucune autorité sous ses ordres n'a été autorisée à donner aucun ordre de cette nature, et il n'en a pas été donné.

« Le général Micheler et le général Pétain, qui ont reçu hier des instructions verbales, confirmées aujourd'hui par écrit, au sujet d'une attaque combinée en projet, fixeront eux-mêmes la date de l'opération qui n'aura lieu, bien entendu, qu'après complète préparation.

« Le général en chef ne peut pas comprendre le sens de ces phrases :

« La préparation d'artillerie *sera* très insuffisante, la dotation du 11ᵉ corps en munitions est du reste trop faible. *Ni l'une ni l'autre ne sont fixées.*

« Le général en chef s'est rendu hier au G. A. R. et au G. A. C., a vu les Commandants de corps d'armée et d'armées. Des décisions ont été prises, des instructions données, notamment aux généraux Micheler et Mazel, en présence du Ministre de la guerre. Ce dernier pourra dire si la manière dont ces ordres ont été donnés peut permettre à qui que ce soit de prétendre que des attaques seront entreprises avec une préparation ou des munitions insuffisantes.

« Le général en chef ne peut qu'exprimer la douloureuse surprise que des racontars, nullement autorisés et sans aucun fondement, trouvent créance auprès du Président de la République. *Il n'est pas possible d'exercer un commandement dans de pareilles conditions.*

« Je demande que les *exécutants* qui se sont livrés à ces écarts de langage, qui détruisent toute discipline dans l'armée, soient l'objet d'une sanction exemplaire.

« Le général en chef fait une enquête en ce qui concerne les généraux Duchêne et Hirschauer, qui seront relevés de leur commandement s'ils ont été pour quoi que ce soit dans cette manifestation d'indiscipline. »

R. Nivelle.

* * * *

L'enquête ainsi annoncée donna lieu à un second message, téléphoné à l'Élysée le 24 avril :

« Le général commandant en chef a vu hier, 23 avril, les généraux Duchêne et Hirschauer, en même temps que le général Mangin, intéressés tous trois dans l'opération à achever sur le plateau du Chemin des Dames.

« Tous trois déclarent sur l'honneur qu'ils n'ont jamais reçu ni donné aucun ordre concernant la date de l'opération, fait aucune plainte au sujet de l'insuffisance des munitions, toutes leurs demandes ayant toujours été satisfaites à cet égard.

« Ils étudient et préparent l'opération combinée comme ils l'ont toujours fait, — à Verdun notamment —, la date étant toujours fixée par le dernier prêt.

« Il n'est pas besoin d'ajouter qu'ils ont été navrés, à en pleurer, des faits qui leur ont été signalés, de la répercussion *qu'ils ne manqueraient pas d'avoir sur l'état moral de leurs troupes* qui puisent une certitude plus grande de la victoire dans celle qu'elles viennent de remporter. De l'aveu de tous les généraux, le moral, aussi bien au front que parmi les blessés des ambulances, *est nettement supérieur à ce qu'il était avant l'attaque.*

« Le général commandant en chef insiste sur la nécessité qui s'impose d'infliger un châtiment exemplaire aux auteurs de ces bruits calomnieux, tendant à déprimer le moral et à semer la panique. »

R. NIVELLE.

En réponse à ces deux messages, la Présidence se borna à répondre que les généraux Duchêne et Hirschauer ne devaient pas être incriminés.

Les documents produits se suffisant à eux-mêmes, tous commentaires sont superflus. Il convient seulement une fois de plus de noter, selon la juste remarque du général Nivelle, qu'en de semblables conditions, *tout commandement devient impossible.* La suite des événements apportera à cette vérité des preuves nouvelles. Soumis à de telles interventions de la part de subor-

donnés qu'un gouvernement accueille et couvre,
jamais le plus grand capitaine, fût-il Annibal,
César ou Bonaparte, n'eût vaincu...

*
* *

Cependant le 25 avril, le général en chef était
appelé à Paris. Car le directeur de la vaste
bataille franco-britannique d'Occident ne disposait
même pas de son temps. A peine échappé aux
injonctions ou suggestions téléphoniques, il lui
fallait sauter dans un wagon ou dans une automo-
bile, abandonner son quartier général, ses plans
et ses pensées, pour obéir à l'ordre impératif de
venir renouveler dans un cabinet ministériel de
creuses et insipides discussions, puis de procéder
à des enquêtes[1].

L'entretien eut lieu chez le Président de la République. M. Ribot et M. Painlevé interrogèrent
d'abord sur les offensives en préparation. Puis,
lorsque le général Nivelle eut commencé à exposer
les dispositions envisagées pour l'attaque des hauteurs de Sapigneul, de Spin et de Brimont, le
Ministre de la guerre l'interrompit, en disant : « On
m'a affirmé que la prise de Brimont coûterait
60.000 hommes ! »

« Qui ? on » riposta aussitôt le général en chef,

_____

1. Voir aux Annexes l'emploi du temps du général Nivelle en
raison d'ordres impératifs de Paris.

encore sous le coup de l'indignation suscitée en lui par les événements de la veille et de l'avant-veille. — Vous savez bien que les renseignements, pour avoir une valeur, doivent venir d'une source autorisée. » — « C'est d'une source très sérieuse que je tiens les miens, répondit M. Painlevé, mais je ne puis la dévoiler. » Singulière assertion devant l'homme qui, de par ses fonctions, avait le droit de tout connaître des opinions émises sur les opérations dont il portait la charge et la responsabilité !

Cependant, ainsi placé dans l'impossibilité de réfuter directement un calcul présenté en axiome, le général Nivelle se contenta d'observer ironiquement que le chiffre indiqué des pertes probables était sans doute exagéré, puisque les effectifs engagés contre Brimont ne devaient pas, en principe, être supérieurs à 60.000 hommes. On verra plus loin sur quel invraisemblable quiproquo, parmi tant de faits réellement incroyables, était basée la fantaisiste évaluation du Ministre de la guerre.

*
* *

Dans cette même séance du 25 avril, à l'Élysée, le général Nivelle, s'étonnant que le gouvernement laissât propager, sans les démentir, les faux bruits qui doublaient l'importance de pertes dont le chiffre officiel était pourtant connu, le Président de la République observa : « Que voulez-vous ? général, le Service de Santé a mal fonctionné, c'est un fait. De ce mauvais fonctionnement on a donné comme excuse l'affluence inattendue des blessés — c'est une excuse qu'*on* ne veut pas perdre. »

Ni le Président du Conseil, ni le Ministre de la guerre ne protestèrent. Un vent de panique, déchaîné par des mensonges, pouvait donc souffler sur la France, bouleverser les familles, corroder le moral de l'armée. Il n'importait! le Service de Santé n'entendait pas perdre sa mensongère excuse!...

Alors, avant de se retirer, le général en chef, comprenant que le siège du gouvernement était fait, que l'ordre d'arrêt de l'offensive était prochain, tenta un dernier effort. Il supplia le Président du conseil de lui faire crédit. Il lui montra qu'une bataille, telle que celle engagée, ne pouvait porter ses fruits du jour au lendemain ni même en quelques journées ; que déjà l'ennemi ne disposait plus en réserve que de *12* divisions sur *52*, selon les indications conformes du maréchal Haig...

Le silence s'établit et la réunion prit fin.

*

* *

Le 28 avril, étant à Mirecourt, où il avait donné rendez-vous aux généraux commandant les armées de l'Est, et avisé le général Debeney de sa nomination prochaine comme major général, le général Nivelle fut derechef appelé d'urgence à Paris. Ce fut pour apprendre de la bouche du ministre que l'estimation d'une perte de 60.000 hommes pour la prise de Brimont provenait du commandant même de la Ve armée, le général Mazel.

Or, à ce moment, le ministre était déjà entré en possession d'un rapport du généralissime, envoyé la veille du quartier général même de la Ve armée, et dans lequel il était dit que l'attaque directe du fort de Brimont était prévue pour quatre bataillons, — soit moins de 4.000 hommes, — à peine un quinzième des pertes supposées !

*
 * *

Cependant ces intrigues, répétées autour d'un champ de bataille sur lequel tant de braves étaient tombés, allaient aboutir au dénouement cherché. Celui-ci eut lieu le 29 avril. Ce jour, à 19 heures, le général en chef, étant à son Quartier Général, à Compiègne, fut appelé au téléphone — fil direct — par le ministre, qui lui annonça :

1° le général Pétain est, depuis hier, nommé chef d'État-Major général ;

2° le Conseil des ministres vient de décider de surseoir à l'attaque de Brimont.

La coordination de ces deux décisions apparaît évidente. Devant le gouvernement, le Ministre de la guerre avait tenu à se couvrir de l'autorité du général Pétain, dont les idées, hostiles à toute offensive stratégique, étaient notoires. Pour arriver à ses fins, il avait donc investi le chef des armées du centre, enlevé à son commandement en pleine bataille, d'une fonction moralement, sinon hiérarchiquement supérieure à celle du Généralissime.

Mais l'ordre, délibéré à Paris autour d'un tapis vert, et signifié au général Nivelle, revêtait une ampleur tout autre que celle de son texte lui-même. Il représentait, à n'en pas douter, l'expression des directives nouvelles adoptées par le Conseil des ministres, et équivalait, au fond, à une injonction de renoncement à toute offensive ultérieure.

Il était impossible d'admettre que les résolutions transmises n'eussent pas été arrêtées en connaissance de cause ; par suite, le Généralissime n'était plus fondé à leur opposer des objections qui seraient de seules répétitions.

En effet, les ordres du 17 avril aux généraux Micheler et Pétain datés respectivement ce jour, 10 h. 30 et 21 h. 45, puis confirmés le 23, avaient été soumis au gouvernement, qui n'avait élevé aucune remarque. Or, ces ordres comportaient expressément l'action concordante des IV° et V° armées en vue du dégagement de Reims.

La V° armée devait attaquer sur le front Mt Sapigneul-Brimont inclus ; la IV° armée sur Moronvilliers, avec convergence d'efforts en direction de Warmeriville. Le but premier de l'opération était ainsi nettement fixé dans le dégagement de la malheureuse ville de Reims, placée depuis plus de trente mois sous le feu immédiat non seulement des pièces lourdes, mais encore des pièces de campagne allemandes.

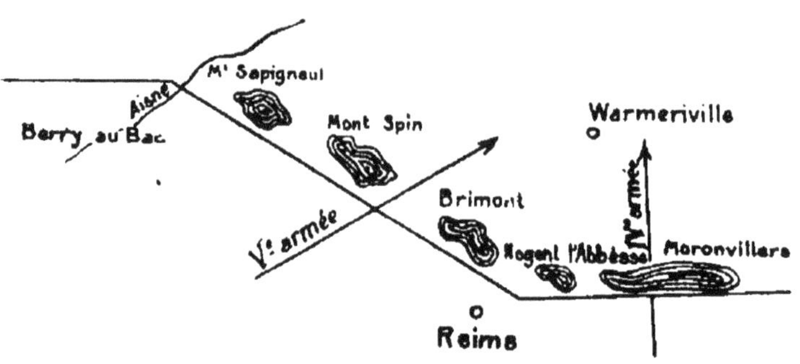

SCHÉMA DE L'OPÉRATION

Du moment que l'opération sur Brimont, c'est-à-dire la principale de celles dévolues à la Ve armée, était abandonnée par interdiction gouvernementale, il devenait indiscutable que le plan d'ensemble s'écroulait et que la IVe armée, engagée seule contre des positions formidables, ou subirait un échec, ou ne remporterait qu'un de ces succès limités et vains, affectionnés du nouveau chef d'État-Major général.

D'autre part, comment dépeindre l'état moral, imprégné d'amertume, d'un général en chef qui, après avoir donné toutes les instructions nécessaires à une grande bataille, se voit contraint à les rapporter non du fait de l'ennemi et de circonstances changeantes, mais en raison des interventions décousues d'un aéropage politique, incapable de toute volonté et livré aux plus néfastes influences.

Et immédiatement se révéla la gravité de ces interventions lointaines, émanées d'hommes incompétents ou imbus de doctrines erronées sur la véritable conduite de la guerre. A l'ordre qui lui fut aussitôt transmis d'arrêter tout mouvement offensif, le général Micheler se récria, en affirmant que la chose était impossible, que la préparation d'artillerie battait son plein, que partout l'action était engagée... etc. ! Le Généralissime dut faire répéter que l'ordre donné était formel, qu'il provenait de Paris, que son exécution devait être immédiate, — et que, d'ailleurs, pour plus exact examen de sa cause originelle, une enquête serait faite.

Cependant, et d'abord, le général Nivelle adressa au Ministre de la guerre la lettre suivante :

Au G. Q. G., le 30 avril 1917.

Le Général Commandant en Chef
à M. le Ministre de la guerre.
(Cabinet. — Personnelle.)

Vous m'avez informé hier, 29 avril, à 19 heures, dans une conversation téléphonique, que le Conseil des ministres, réuni dans l'après-midi du même jour, aurait décidé de surseoir à l'opération de la Ve armée.

N'ayant pas reçu, selon la règle, confirmation écrite de cette décision importante en principe et en fait, et, afin d'éviter tout malentendu, j'ai l'honneur de vous demander de vouloir bien me la confirmer par lettre remise à l'officier de liaison porteur de la présente lettre.

Si j'ai bien compris, le Conseil des ministres a décidé :

1º de surseoir, jusqu'à nouvel ordre, à l'opération de la Ve armée entre Berry-au-Bac et Reims, opération qui avait déjà reçu un commencement d'exécution dans la nuit du 28 au 29 avril ;

2º de laisser l'opération des VIe et X^e armées sur le plateau de Craonne, suivre son cours.

NIVELLE.

Sitôt arrivé, le 30 au soir, auprès du général Micheler, le Généralissime informa celui-ci des propos tenus l'avant-veille par le Ministre de la guerre, desquels propos il semblait résulter que l'arrêt de l'offensive aurait été déterminé par la crainte de perdre 60.000 hommes dans la seule attaque de Brimont, estimation attribuée au général Mazel. Celui-ci, interrogé, se hâta d'adresser au commandant du G. A. R. un rapport dans lequel, tout en affirmant son droit, d'ailleurs indiscuté, de répondre à une question verbale formulée par le Ministre de la guerre en personne, il précisa l'incident dans les termes suivants :

« Il (le ministre) m'a demandé, sans me donner la raison de cette demande, quels effectifs étaient nécessaires pour l'affaire projetée au sud de l'Aisne. J'ai répondu : un corps d'armée sur Brimont, un autre sur Mt Sapigneul ; cela fait en gros 60.000 hommes.

« *Cela n'a jamais voulu dire que les pertes seraient de 60.000 !* ce qui est évidemment impossible.

« Je basais ma réponse sur les effectifs engagés le 16 dans cette région et sur les enseignements de cette journée. »

* *

Ainsi, le Ministre de la guerre français, simple civil investi, se rend, en dehors du directeur de la bataille, au Quartier Général d'un simple commandant d'armée. Il s'enquiert du nombre d'hommes affectés à une attaque prochaine ; — et, sur la réponse qu'il reçoit, il transforme le chiffre des effectifs d'attaque en un chiffre de sacrifices éventuels ! Puis il rentre à Paris, et devant des collègues atterrés il dépeint l'effroyable hécatombe supposée du lendemain !... — Alors, levant les bras au ciel, les ministres profèrent ce cri de défaite : « Arrêtez, arrêtez ! » Et la bataille est suspendue, — tandis que de toutes parts, au travers de la nation comme de l'armée, filtrent les indiscrétions qui, à l'horreur des pertes dernières mensongèrement doublées, ajoutent l'horreur de pertes hypothétiques !...

Dès lors, en ce printemps de 1917, tandis que l'Orient agonise sous le talon des conquérants, que la Russie s'effondre aux premiers souffles de la tempête révolutionnaire, tout le destin de la France et du monde se balance sur ce qu'en l'absence de toute preuve contraire, l'histoire, au moins jusqu'à présent, ne peut appeler qu'un *malentendu*, — malentendu assurément d'une gravité exceptionnelle, car, lorsque la Patrie est en péril, nul ministre ne possède d'excuse pour ne pas comprendre !...

CHAPITRE XII

GÉNÉRALISSIME ET CHEF D'ÉTAT-MAJOR GÉNÉRAL

Cependant, dans la situation presque inextricable qui de plus en plus lui était faite, tiraillé par ses devoirs envers le pays, sa foi en lui-même, sa confiance en ses soldats, et les exigences d'un gouvernement aveuglé, le général Nivelle jugea opportun un entretien à cœur ouvert avec le nouveau chef d'État-Major général, dont le rôle au surplus restait enveloppé d'obscurités. En quittant le général Micheler, il gagna donc aussitôt Châlons.

Sans préambule, dès son entrée dans le cabinet du général Pétain, il félicita celui-ci d'une nomination, au sujet de laquelle il avait été pressenti et qui avait reçu son adhésion. L'institution d'un chef d'État-Major général auprès du Ministre de la guerre ne pourrait-elle pas en effet rendre plus aisées les relations entre Paris et le grand quartier-général, en écartant les diverses ingérences politiques qui paralysaient le commandement ?

Dans cette démarche, le Généralissime plaçait sa dernière espérance.

Après conversation amicale sur les incidents relatifs à l'arrêt de l'offensive, le général Pétain demanda si, somme toute, pour donner satisfaction au Gouvernement, l'attaque de Brimont ne pouvait être distraite du reste de l'opération offensive. Il lui fut répondu que ce détachement n'était pas impossible, mais qu'il serait éminemment fâcheux, toutes les parties d'une opération déterminée étant dépendantes l'une de l'autre. « Tronquer une attaque constitue toujours une erreur; il était inutile d'insister sur cette vérité devant un ancien professeur de l'École de guerre. »

Néanmoins, en présence de l'insistance du chef d'état-major général, parlant au nom des inquiétudes gouvernementales qui devaient être calmées, le Généralissime céda...

Et le 4 mai, l'attaque sera lancée entre Berry-au-Bac et Brimont *exclus*. Nos troupes, après avoir enlevé le village de Berméricourt, seront prises en flanc par une contre-attaque partie des hauteurs de Brimont, et appuyée par l'artillerie agglomérée sur ces hauteurs — contre-attaque qui n'aurait pu se produire si l'ennemi avait été fixé sur la totalité de son front. Rapidement chassés de leur éphémère conquête, nos soldats subiront des pertes réellement inutiles, ainsi qu'il arrive toujours dans les demi-combats, comme dans les demi-batailles.

.·.

En s'inclinant alors devant la volonté du Ministre de la guerre, même soutenue par le chef d'état-major général, le général Nivelle, commandant en chef des armées françaises, commit une lourde erreur;

on ne doit pas hésiter à la reconnaître. Sans doute lui-même, dans son for intérieur, parmi les longues pensées d'une profonde disgrâce imméritée, aura-t-il regretté une heure de faiblesse consécutive à cette paralysie chronique dont étaient frappés ses mouvements. Il n'importe ; — car l'enseignement du Maître de la guerre est catégorique :

« Un général en chef n'est pas à couvert de ses fautes à la guerre, a écrit Napoléon, par un ordre de son souverain ou du ministre, quand celui qui le donne est éloigné du champ d'opérations, et *qu'il connaît mal* ou *ne connaît pas du tout* le dernier état des choses. D'où il résulte que tout général en chef qui se charge d'exécuter un plan qu'il trouve mauvais, est coupable. Il doit représenter ses motifs, insister pour que le plan soit changé, enfin donner sa démission plutôt que d'être l'instrument de la ruine de ses troupes. »

Le général Nivelle ne donna pas sa démission, parce qu'une fois de plus il craignit l'effet désastreux pour le pays et pour l'armée d'une crise de commandement en des conjonctures aussi graves, et parce qu'encore il pensa devoir faire crédit à l'intervention du chef d'état-major général en faveur de son indépendance. Les événements le convaincront d'ailleurs rapidement de sa patriotique illusion. Les lois sont immuables qui président aux passions humaines.

*
* *

Étant donc provisoirement tombés d'accord, Généralissime et Chef d'état-major Général téléphonèrent aussitôt leur entente au Ministre ; puis, le premier, prenant congé du second, retourna dans la nuit suivante au Grand Quartier Général.

Il y trouva une communication de M. Painlevé, qui confirmait l'ordre du 29 avril. Il y était dit que le gouvernement, « insuffisamment éclairé sur les risques et pertes possibles entraînées par l'opération, avait décidé de suspendre provisoirement toute décision relative à l'attaque du fort de Brimont, jusqu'après l'entrevue imminente des généraux Nivelle et Pétain ».

Puis, le lendemain, 1er mai, arriva une lettre du Ministre, d'une importance capitale, et ainsi conçue :

Si j'ai bien compris la communication téléphonique que vous m'avez faite hier soir 30 avril, à 19 heures, de Châlons, vous vous êtes mis d'accord avec le général Pétain sur le plan d'opérations à suivre.

Pour ce qui est de notre conversation téléphonique de dimanche, 29 avril, à 19 heures, que dans votre lettre du 30 vous me demandez de vous confirmer par écrit, je n'ai jamais entendu vous donner l'ordre d'arrêter une opération en cours, comme vous semblez le croire.

Dans cette conversation, je vous ai notifié tout d'abord la nomination du général Pétain, comme chef d'état-major général de l'armée, et je vous ai signalé ensuite :

1° les divergences qui semblaient exister entre vos appréciations et les siennes concernant l'attaque de Brimont, attaque qui, d'après votre lettre du 27 avril, était fixée au 1er mai, mais pouvait être retardée sans inconvénients [1] ;

2° la nécessité, dans l'entrevue que vous deviez avoir tous deux lundi, de confronter des appréciations avant de déclencher l'attaque.

Paul PAINLEVÉ.

De ce dernier document, résulte l'intention du Ministre de rejeter dorénavant la responsabilité des derniers événements sur les divergences existant entre le généralissime et le chef d'état-major général. Mais bien plutôt, celui-ci s'entendait-il avec le ministre dont il devenait le conseiller et qu'il avait acquis à ses doctrines ; tous deux cherchaient sans doute à placer le général en chef en une posture telle qu'il dût, découragé, renoncer volontairement à son plan d'offensive. En tous cas, il est singulièrement regrettable que M. Painlevé n'eût pas le 29 avril transmis au Généralissime la décision du Conseil des ministres au moyen d'un texte écrit précis, dont l'envoi eût suivi immédiatement la communication téléphonique. Comment admettre que des ordres dont dépendent le salut de l'armée, l'existence de la Patrie, la victoire ou la défaite, soient livrés au hasard de conversations par téléphone, sans enregistrement faisant foi, et de plus

---

1. Le général Nivelle, en effet, dans un exposé des opérations prévues, avait indiqué un ajournement possible de l'attaque, pour des raisons de temps et d'ordre uniquement tactique.

soumis à toutes les erreurs inséparables de verbiages ne laissant aucune trace ? Pourtant c'est avec une telle et incroyable légèreté qu'agit M. Painlevé ; et lorsque le général en chef lui réclame confirmation écrite de son ordre, il répond à côté, arguant, comme d'une nécessité prévue, de l'entrevue inopinée des généraux Nivelle et Pétain, dont il venait d'avoir seulement connaissance par eux-mêmes !

Mais sur de semblables détails tous commentaires sont superflus. Une question plus haute se pose. De M. Painlevé, mathématicien éminent, du général Pétain, chef d'état-major général ou du général Nivelle, commandant en chef des armées du Nord et du Nord-Est, qui donc devait diriger les opérations, quelles qu'elles fussent ? Il semble vraiment qu'aux heures les plus critiques d'une guerre formidable, certains hommes aient pensé jouer aux grandes manœuvres du temps de paix. De l'ennemi, aucun compte n'était tenu. L'opportunité d'une attaque était livrée aux fluctuations de palabres où des raisons inavouées dominaient les contingences d'une situation stratégique, dont seul le Généralissime pouvait connaître tous les éléments. Jamais vit-on plus totale confusion dans les attributions et dans le départ de responsabilités que les créateurs du désordre se hâteraient bientôt de décliner.

CHAPITRE XIII

LE NOUVEL ÉMOI BRITANNIQUE
CONFÉRENCE DE PARIS : 4 MAI

Tandis que se déroulaient ces incidents, que le Généralissime non seulement des armées françaises, mais, comme il est bon de le rappeler, des armées alliées en France, passait son temps précieux à trébucher au travers des embûches ministérielles, à courir pour enquêter d'un quartier général à un autre, puis de ceux-ci à Paris, le maréchal Douglas Haig poursuivait imperturbablement et sans intervention quelconque de son gouvernement, la bataille engagée le 9 avril en Artois. Mais à Londres, on n'avait pas été sans connaître la campagne parisienne de panique dont le but n'était autre que l'arrêt de toute offensive, pour obtenir ensuite l'établissement de l'ensemble des forces françaises en posture immobile. Ainsi seraient rendus stériles et les efforts accomplis, et les résultats obtenus, et les sacrifices consommés. Les Anglais, qui avaient surmonté leur atavique répugnance à placer un maréchal britannique sous la direction d'un général français, ne pouvaient consentir en silence à semblable faillite.

Aussi, par télégramme du 1er mai, M. Paul Cambon, notre ambassadeur à Londres, crut-il pouvoir informer M. Ribot que MM. Lloyd George, général Robertson et amiral Jellicoe se préparaient à partir le 3 mai pour Paris. « Un secret absolu était gardé sur ce voyage, décidé la nuit précédente » ; mais il était à prévoir qu'on nous demanderait d'expliquer nos intentions définitives, tant pour l'exercice du commandement que pour la conduite de la guerre, « les informations reçues par le War Office semblant témoigner d'une incertitude qui inquiète ».

(Dépêche de M. P. Cambon, 1ᵉʳ mai 1917, 16 h. 30.)

En effet, le 4 mai, le Premier ministre d'Angleterre débarquait à Paris, et, ce jour même, deux réunions, d'une égale et haute importance historique, furent tenues.

*
* *

La première de ces réunions eut lieu dans la matinée, entre les deux chefs d'état-major alliés, chacun d'eux assisté des généraux en chef. D'après les déclarations de M. Ribot à la Commission sénatoriale de l'armée, le 9 mai suivant, ces messieurs auraient été invités à se mettre d'accord, et ils y seraient parvenus, puisqu'ils donnèrent leur adhésion à un protocole, déposé par Sir William Robertson au début de la séance plénière de l'après-midi.

Voici ce protocole :

J'ai conféré ce matin (4 mai), déclara le chef d'État-Major impérial des armées britanniques, avec les généraux Pétain, Nivelle et le maréchal Douglas Haig. Nous avons passé en revue l'ensemble de la situation,y compris la Russie, l'Italie et l'entrée en guerre de l'Amérique. Nous sommes arrivés à l'opinion *unanime* qu'il est essentiel de *continuer les opérations d'offensive sur le front occidental.*

Une grande partie des réserves de l'armée allemande ont déjà été épuisées par les attaques francobritanniques. Si on donne à l'ennemi le temps de se ressaisir, les bénéfices de ce succès seront perdus. Il sera libre d'attaquer soit la Russie, soit l'Italie, qui ne sont pas en situation de résister à une attaque en grandes forces [1].

Son objectif présent est certainement d'encourager le peuple allemand à tenir jusqu'à ce que la guerre sous-marine ait produit son effet. Si on le laisse libre de remporter des succès faciles là où il le peut et de proclamer au monde qu'il a défait ses principaux ennemis, il atteindra cet objectif.

Cela pourrait être fatal à nos chances de gagner la guerre. Nous sommes toutefois unanimement d'avis que la situation a changé depuis l'époque où les deux gouvernements anglais et français se sont mis d'accord sur le plan offensif commencé en avril.

Ce plan n'est plus opérant ; il ne peut plus être question de viser à rompre le front ennemi et à atteindre des objectifs éloignés.

La question est maintenant d'user et d'épuiser la résistance ennemie. Si ce but est atteint et quand il sera atteint, il faut en exploiter les conséquences jusqu'à la dernière limite possible.

---

1. En juillet, la suprême offensive de Korniloff en Galicie sera écrasée ; en octobre, ce sera le désastre de Caporetto.

Pour l'instant, nous sommes d'accord qu'il est nécessaire de combattre avec toutes nos forces disponibles, avec l'objectif de détruire des divisions ennemies. Nous sommes *unanimement* d'opinion qu'il n'y a *pas de demi-mesure entre cette méthode et une défensive* qui, à cette époque, équivaudrait à reconnaître notre défaut. Nous sommes *unanimement* d'avis que votre but ne saurait être atteint *qu'en attaquant sans répit,* avec un objectif limité. Nous espérons venir à nos fins avec le minimum de pertes possible. Nous étant mis d'accord, *unanimement d'accord* sur les principes ci-dessus, nous considérons que les méthodes adoptées pour les mettre en pratique, que les programmes et les lieux d'attaque sont matières à laisser aux généraux responsables qui doivent immédiatement les exmainer et les résoudre.

*
* *

La réunion plénière, à laquelle fut communiqué ce protocole, fut tenue dans l'après-midi au quai d'Orsay.

Y assistèrent :

Pour l'Angleterre : MM. Lloyd George, lord Cecil, maréchal Douglas Haig, général Robertson et son chef d'État-Major général Morris, amiral Jellicoe.

Pour la France : MM. Ribot, Painlevé, amiral Lacaze, Léon Bourgeois, général Nivelle, général Pétain, de Margerie.

Le procès-verbal de la séance fut établi dans les termes suivants, portés ultérieurement par M. Ribot à la connaissance de la Commission sénatoriale de l'armée :

PROCÈS-VERBAL DE LA RÉUNION
FRANCO-BRITANNIQUE DU 4 MAI 1917
A PARIS.

M. Lloyd George. — Ce que nous avons voulu, c'est de nous assurer que nous sommes d'accord sur le principe général d'une offensive continue, avec toutes les ressources et toute l'énergie des deux armées. Nous n'avons pas besoin de connaître les détails qui intéressent plus particulièrement ceux qui ont la responsabilité directe des opérations militaires. Nous *préférons que les généraux gardent pour eux ce qui concerne leurs plans d'exécution.* Quand on les met sur le papier, pour les communiquer aux ministres, il est *rare que les ministres soient seuls à les connaître.*

M. Ribot. — Je pense comme vous qu'en dehors des principes qui doivent diriger les opérations projetées, le reste regarde exclusivement les militaires.

M. Painlevé. — Ce que les gouvernements ont le droit de savoir, c'est le plan d'ensemble et les principes qui dirigent le plan d'action des généraux.

M. Lloyd George. — *Ce que nous n'avons pas besoin de savoir, c'est le lieu précis de l'attaque, ni la date, ni le nombre des canons et des divisions engagées.* Il est essentiel que ces détails restent secrets. En Angleterre nous ne posons pas ces questions. D'ailleurs le général Robertson ne nous a pas encouragés à les poser. Nous le traitons avec le respect qu'il mérite et nous nous gardons de toute curiosité indiscrète.

Au nom du gouvernement britannique, nous déclarons

que nous donnons notre assentiment aux documents que nous venons d'entendre, mais il est important de ne laisser subsister aucun doute quant à l'interprétation de ces documents.

Une offensive limitée, cela peut vouloir dire une offensive faite par deux ou trois divisions ou encore une grande attaque comme celle des armées britanniques devant Arras. Il est utile d'insister sur l'importance capitale d'un grand effort pour faire sur nos ennemis toute l'impression possible au cours de cette année.

C'est sur les épaules de la France et de la Grande-Bretagne que repose tout le fardeau de la guerre. Ce que peut la Russie, c'est un mystère. Ce que l'Italie peut ou veut faire, nous le savons assez. L'Amérique est encore une inconnue ; il ne faut pas compter qu'elle nous aide militairement d'ici longtemps.

500.000 Américains passés nous seront utiles, si la guerre dure, mais il faudra vivre en attendant ; et nous ne savons pas si nous aurons, l'année prochaine, le tonnage nécessaire pour entretenir ces armées considérables transportées de l'autre côté de l'Atlantique.

Après y avoir réfléchi minutieusement, le cabinet de guerre britannique demande à ses collègues français de pousser l'offensive au cours de cette année avec toute la force dont les deux armées sont capables.

Nous pourrions nous laisser aller à ne pas estimer à leur valeur les résultats de notre offensive. On avait sans doute formé de grandes espérances qui ne se sont pas pleinement réalisées. Ce n'est pas la première fois. Mais, sans espérance au delà de ce qui est possible, peut-être ne trouverait-on pas l'élan indispensable en temps de guerre.

Malgré cela, nous avons fait 45.000 prisonniers, c'est-à-dire l'équivalent de cinq divisions allemandes,

composées des meilleures troupes.Nous avons pris plus
de 450 canons et plus de 800 mitrailleuses, reconquis une
superficie de 200 kilomètres carrés.

Supposez que ce soit l'ennemi qui ait obtenu ce résultat, qui nous ait fait 45.000 prisonniers qui nous ait
pris 450 canons et 800 mitrailleuses, et imaginez la
vague de pessimisme qui gagnerait l'opinion publique.
Cela suffit à nous montrer la réalité des succès que
nous avons remportés.

Nous souffrons de graves difficultés, mais nous
sommes trop enclins à oublier celles de l'ennemi. Le
problème des vivres nous préoccupe.Il en est de même
pour l'ennemi et il n'a rien à attendre de l'Amérique.
Ses seuls alliés éventuels, ce sont les royalistes de
Grèce, aujourd'hui enfermés en Morée.

Pour le matériel, nous avons des documents qui montrent que les Allemands sont gênés dans les combats,
tandis que nous avons eu plus de munitions qu'il n'en
fallait pour l'artillerie.

Le problème de l'alimentation est grave pour nous,
certes, mais nous ne souffrons pas de la faim et nous
ne la redoutons pas dans un avenir prochain.

Notre conclusion est de ne pas laisser à l'ennemi,
déjà si éprouvé, un seul moment de repos, jusqu'à ce
que la résistance se brise.

Si nous arrêtions notre offensive, ou si nous nous
bornions à de petites démonstrations, les Allemands
diraient : « Nous les avons battus ; en continuant à
couler des bateaux, nous affamerons l'Angleterre et
nous rendrons la continuation de la guerre impossible. »
C'est pourquoi les Alliés doivent user de toutes leurs
forces sans attendre que leurs espérances au delà puissent se réaliser.

Les pertes que nous subirons non seulement seront

très pénibles, mais il est impossible de les éviter, si nous faisons la guerre. Ce qu'il faut, c'est de la ténacité et de l'endurance. Il ne faut pas, faute d'avoir eu le courage jusqu'au dernier sacrifice, laisser la victoire nous échapper.

Le document préparé par les généraux est excellent. Ce qu'il faut y ajouter, c'est une entente sur l'intensité de l'action que nous devons conduire ensemble tout l'été. Ce n'est que si la guerre se prolongeait que l'Amérique pourrait nous aider. La Russie aurait sans doute jeté sa gourme révolutionnaire et reprendrait sa valeur militaire.

En attendant, il est essentiel que notre action ne se relâche pas. C'est ce que je désirais dire au nom du gouvernement britannique à nos collègues français.

M. Ribot. — Nous sommes entièrement d'accord ; nous ne nous écartons pas de la pensée qui nous a dirigés après trois ans de guerre. Nous borner à une action purement défensive serait la plus grave des imprudences. Nous désirons une victoire complète et aussi prompte que possible. Pour cela, nous devons et nous voulons user de toutes nos forces.

S'il est reconnu impossible de briser l'ennemi d'un seul coup, nous pouvons l'amener à reconnaître sa défaite. Nous sommes d'accord avec vous sur les résultats de la récente offensive. La présenter comme un échec serait contraire à la vérité. S'il y a eu des déceptions, c'est qu'on avait formé de trop grandes espérances et je ne peux que répéter ce qu'a si bien dit M. Lloyd George : prendre tout ce que nos armées ont pris n'est pas un signe de défaite.

Les Allemands disent que la retraite d'Hindenburg a été un chef-d'œuvre, mais c'est un chef-d'œuvre forcé.

Le résultat indiscutable de nos opérations est que

nous sommes à nouveau maîtres de l'initiative. L'an dernier c'était l'ennemi qui prenait l'initiative en dirigeant ses attaques sur Verdun, et vous savez ce qu'il a fallu de vaillance et d'habileté pour le tenir en échec.

Il faut sans doute continuer l'offensive, mais nous devons chercher à utiliser nos forces sans les gaspiller. Les effectifs français ont souffert plus que les vôtres. Nous avons dû supporter le choc presque seuls jusqu'à ce que les résultats de votre admirable effort d'organisation aient pu se faire sentir.

Nous ne devons pas hésiter à agir avec toutes nos ressources, mais faire en sorte qu'elles soient utilisées au mieux sans prodigalité réfléchie.

Nous admirons le langage résolu que vous avez tenu pour faire comprendre à l'opinion anglaise toutes les nécessités de l'heure présente. Nous sommes décidés à vous imiter, et sur les questions militaires nous sommes d'accord dans l'esprit comme dans la forme.

M. Lloyd George. — Je vous remercie de vous être ainsi expliqué à notre égard et je reviens à la question de l'offensive.

Le maréchal Haig se prépare, avec l'approbation du gouvernement, à engager toutes ses forces, dans le but sinon de briser l'ennemi, tout au moins de lui infliger une défaite irréparable. Il serait inutile qu'il le fît, si les armées françaises n'agissaient pas en même temps avec la même énergie.

A ce moment les Allemands pourraient porter contre l'armée qui attaque le plus résolument la plus grande partie de leur artillerie et leurs meilleures réserves d'hommes. Ils pourraient arrêter notre offensive. Est-ce que cela ne les encouragerait pas et ne donnerait pas aux Alliés l'impression de la défaite ?

Nous voudrions savoir que, quand l'attaque se renouvellera, elle sera poussée avec toutes les ressources dont disposent les deux armées et avec toute l'énergie dont elles sont l'une et l'autre capables.

S'il s'agit d'économiser les vies humaines, nous dirons que les attaques faibles et répétées coûtent souvent autant et plus que les attaques à fond.

En supposant que nous ne brisions pas le front, que nous ne battions pas les Allemands, nous aggraverons leur découragement. Leur superstition pour leur armée est telle qu'un échec affaiblirait leur moral.

J'espère que ces considérations vous amèneront l'un et l'autre (M. Ribot et M. Painlevé) à ce que nous devons tous à la fois donner tous nos efforts.

M. Painlevé. — Je partage l'opinion de M. Lloyd George. Il ne peut y avoir aucun doute sur l'attitude que prend le Gouvernement français. Je tiens néanmoins à rassurer nos collègues anglais à ce sujet. Par suite de la désillusion qui a suivi les résultats honorables, mais limités de la dernière offensive, on a pu croire en Angleterre que la France songeait à la défensive pure et simple.

Rien de pareil n'a jamais été accepté, ni par les hommes d'État, ni par les chefs militaires. Jamais nous n'avons cru aux petites offensives dont le seul résultat est de coûter des vies humaines. Nous n'avons jamais voulu autre chose qu'examiner et revoir notre méthode, de manière à disposer de la façon la plus efficace et sans gaspillage de nos forces.

Ce que nous voulons, c'est une méthode quasi scientifique pour obtenir le rendement maximum. La bataille devra continuer avec tous les moyens en notre pouvoir et toute l'énergie possible. Le gouvernement n'a jamais dévié de cette ligne.

M. Ribot.—Nous saurons occuper l'armée allemande sur notre front. J'espère qu'après ces déclarations, vous avez une entière confiance dans nos projets.

M. Lloyd George. — Entière, et de même que nous avons, en ce qui nous concerne, tenu les promesses que nous avions faites par les conventions de Calais et de Londres, je n'ai pas le moindre doute que celle-ci sera fidèlement exécutée.

** * **

Cette promesse, instamment réclamée par le Premier ministre d'Angleterre, ne fut pas tenue ; et, sans aucun doute, celui qui la reçut, et qui, par courtoisie, l'accepta, toute tronquée fût-elle, rentra à Londres sans se faire d'illusions. A l'exposé des grands et immortels principes de la guerre, aux paroles ardentes et nettes qu'ils avaient entendues, MM. Ribot et Painlevé n'avaient répondu que par des circonlocutions enveloppées de réticences ; dans leur for intérieur, ils étaient parfaitement résolus à suspendre toute véritable offensive, à introniser la « méthode Pétain », méthode baptisée scientifique, et, par suite, dans le plus bref délai, à substituer dans le commandement des armées le protagoniste de cette méthode au général en chef qui prétendait vaincre par l'application des méthodes napoléoniennes.

La seule argumentation valable opposée à M. Lloyd George avait résidé en somme dans la nécessité invoquée d'économiser les effectifs ; pourtant elle ne pouvait faire impression sur des hommes qui, jugeant de haut les événements, et les embrassant dans leur ensemble, connaissaient la fausseté du prétexte. « Les attaques faibles et répétées coûtent davantage que les attaques à fond » — non seulement dans le présent même, mais aussi dans l'avenir, parce que l'attente ouvre la porte à la défaite ruineuse. Aux pertes incessantes de l'année 1917, sur ce Chemin des Dames et ces buttes de Champagne où nos efforts resteront volontairement limités, s'ajouteront les pertes effroyables du printemps de 1918, puis les sacrifices immenses que, durant l'été suivant, réclameront les réparations de deux désastres ! Toute une guerre ne constitue qu'un bloc dont aucune partie ne saurait être isolée des autres. Les morts ensevelis aux rives de l'Avre et de la Marne, les victimes civiles tombées par milliers sous les bombes allemandes, les villes rasées, les campagnes dévastées payèrent au centuple l'économie de sang, réclamée le 4 mai au quai d'Orsay, et dès alors fallacieuse.

*
* *

Cependant, le général Nivelle avait pris au sérieux la promesse formulée en sa présence aux ministres britanniques. Dès le lendemain 5 mai, la bataille reprenait, générale, sur le front de l'Aisne.

Nos troupes enlevaient le village et le plateau

de Craonne, emportaient d'assaut, sur six kilomètres, la partie de la position Hindenburg, dénommée « tranchées de Winterberg », parvenaient plus à l'ouest au moulin de Laffaux et aux abords immédiats de la route de Soissons à Laon. Le lendemain, elles atteignaient les crêtes dominant la vallée de l'Ailette. 7.000 prisonniers étaient tombés entre nos mains ; et rien ne semblait s'opposer aux suprêmes efforts qui, dans l'engagement de réserves encore immobilisées, nous ouvriraient la plaine de Laon. Le 8 mai, une nouvelle attaque heureuse arrachait à l'ennemi sa position défensive au nord-est de Chevreux, préparant ainsi le débordement des massifs où l'Ailette prend sa source.

Dès lors, la poursuite continue des opérations . semblait d'autant plus évidente que le 9 mai, M. Ribot, devant la Commission sénatoriale, avait réitéré les promesses faites au Gouvernement anglais.

Il ne faut pas, avait-il dit, donner à ce pays qui est presque à la fin de la troisième année de la guerre, l'impression que nous avons subi un échec grave... Il y a eu chez nous une émotion qui a amené M. Lloyd George, il y a quelques jours, pour des explications nécessaires. — Les Anglais sont venus demander si nous n'abandonnions pas l'offensive et si nous ne voulions pas nous renfermer dans une action molle, prudente, qu'ils considéraient eux, comme une imprudence... *Nous avons été d'avis que nous devions user de toutes nos forces en ce moment,* — *et les résultats sont appréciables....* Il ne faut pas laisser l'Allemagne maîtresse du terrain ; c'est déjà beaucoup d'avoir pris la maîtrise de l'offensive.... Cette offensive, payée, hélas ! très cher, nous a rendu un service immense au point de vue moral. En ce moment, *on recule devant nous,* les Anglais ont marché. Ils ont eu des succès incontestés et incontestables [1].

Or, le lendemain même de ces déclarations, le général Nivelle était révoqué, le général Pétain nommé au commandement en chef des armées du Nord et du Nord-Est. A l'énergique offensive libératrice était définitivement substituée « l'action molle et prudente », prévue par nos Alliés, et considérée par eux comme une « souveraine imprudence ». Certes l'impartiale histoire constatera qu'ils avaient raison !

« Nous faisons la guerre, avait affirmé M. Lloyd George à des hommes qui semblaient ne plus s'en douter, et les pertes sont impossibles à éviter. » Bien longtemps avant lui, Lazare Carnot avait crié aux timides de son époque : « Si l'on ne fait pas la guerre à fond, il vaut mieux rentrer chez soi. *La défensive déshonore et tue !* »

1. Archives de la Commission Sénatoriale de l'armée. Compte rendu sténographique, p. 8483.

CHAPITRE XIV

LA RÉVOCATION DU GÉNÉRAL NIVELLE

Au 10 mai, la bataille engagée le 16 avril avait donc, en dépit de l'offensive dirigée contre elle de l'intérieur, produit des résultats immenses. L'usure de l'ennemi était manifeste ; ses forces actives étaient chancelantes au point qu'en Allemagne on redoutait leur effondrement. L'écho des craintes manifestées chez nos adversaires parvenait jusqu'à nos prisonniers, qui, dans leurs camps de concentration, frémissaient d'impatientes espérances.

Jamais, en effet, dans les batailles antérieures, les armées impériales n'avaient subi un affaiblissement analogue à celui réalisé après moins d'un mois de combats, pourtant interrompus. Des trente-huit divisions disponibles que possédait Hindenburg le 16 avril sur le front occidental, il ne restait plus que seize le 22, et douze le 25. Le 6 mai, toutes ces divisions avaient été engagées[1]. Si l'étreinte alliée n'était pas relâchée, les Allemands seraient enfoncés ou tout au moins rendus définitivement incapables d'entreprendre une seule opération d'importance sur n'importe quel front d'hostilités.

---

1. Le 18 juillet 1918, au début de la bataille de la Libération, Ludendorff aura 60 divisions en réserve.

Du 9 avril au 15 mai, 99 divisions allemandes passèrent dans lés divers secteurs d'attaque (dont onze, deux fois), soit un total de 110 passages de divisions (Documents officiels des G. Q. G. français et britannique). L'usure ainsi obtenue fut, toutes choses égales d'ailleurs, trois fois plus rapide que celle reconnue dans la longue bataille de la Somme.

Une fois toutes les disponibilités mises à contribution, le jeu de la « noria » consistant dans l'échange de divisions entre les fronts passifs et les fronts de bataille, suprême ressource d'un défenseur, ne pouvait durer au delà de six semaines, d'après les calculs de l'état-major britannique. — Par une simple ténacité dans la lutte, la victoire aurait donc été acquise dès 1917 en un délai problable de trois à quatre mois, ainsi qu'elle le fut en 1918.

Aussi le général Nivelle avait-il maintenu tous les ordres pour la poursuite énergique de la bataille. Le Chemin des Dames et le plateau de Californie emportés le 5 mai, il s'agissait de descendre vers l'Ailette, de dégager le pied des hauteurs, de refouler au loin l'adversaire, afin d'assurer, par la conservation indiscutée de positions essentielles, le prolongement de l'action offensive.

Au contraire, relâcher l'étreinte, c'était s'exposer sur des crêtes précairement occupées, aux violentes ripostes d'un adversaire ébranlé, non encore rompu. C'était préparer une série de luttes aussi coûteuses que stériles. — Et ces luttes en effet se répéteront durant près d'une année, tandis que, rassurés, Hindenburg et Ludendorff iront en Galicie briser le suprême effort de Korniloff, puis sur l'Isonzo, écraser l'armée italienne. Le sang français fut répandu à flots sur les pentes du Chemin des Dames pour la dispute d'observatoires qui, d'un élan, auraient pu être dépassés en quelques jours, et le désastre du 27 mai 1918, qu'on le sache, prit origine le 10 mai 1917, dans le cabinet de M. Painlevé, ministre de la Guerre.

*
* *

Le matin du 10 mai, alors que le général en chef étudiait d'une part le mouvement de la Xe armée par delà Chevreux en direction de Corbeny, c'est-à-dire en débordement de l'éperon de Californie, et d'autre part, l'action combinée des Ve et IVe armées aux deux côtés de Reims, un ordre du Ministre le convoqua d'urgence à Paris.

Reçu par M. Painlevé, il apprit brusquement, dès le début de l'entretien, que son remplacement dans les fonctions de commandant en chef était décidé et que le prochain Conseil des ministres prendrait le décret définitif.

Sans être autrement étonné de la soudaineté d'une résolution dont les conséquences devaient dépasser sa propre personnalité, le général Nivelle demanda si la mesure annoncée était motivée par quelque fait nouveau. Le ministre répondit qu'il n'en était rien, que la question enfin résolue était celle de procédés de combat, et qu'après examen la « méthode Pétain » avait été jugée préférable à la « méthode Nivelle-Mangin ».

Ce dernier général, on le sait, avait été, depuis longtemps, le bras droit de Nivelle. Il s'était couvert de gloire par la reprise de Douaumont et de Vaux ; puis, placé à la tête de la VI⁰ armée, il avait, le 16 avril, lancé ses troupes, et parmi elles ses soldats noirs, à l'assaut des formidables lignes allemandes au nord de l'Aisne. Certes, dans leur magnifique élan, les bataillons de la VI⁰ armée avaient subi de lourdes pertes ; car à la guerre on ne marche à la victoire que sur des routes ensanglantées, mais ces pertes elles-mêmes n'étaient-elles pas le gage sacré du triomphe prochain que les politiciens arrachaient aux héros ?

Déjà, pour satisfaire à une opinion publique égarée, Mangin avait été relevé de son commandement, ensuite interné à distance de Paris. Cependant l'année suivante, le vainqueur de Douaumont sauvera devant Compiègne la capitale ; puis, aux lisières des forêts de l'Ile-de-France, il portera le coup puissant qui jettera les envahisseurs sur les routes encombrées de la défaite. Ainsi prendra-t-il la plus noble et la plus éclatante des revanches.

Mais, dans le cabinet du Ministre, il ne s'agissait plus du soldat relégué, admirable exécuteur des volontés issues d'un cerveau offensif, mais bien de ce cerveau lui-même, jugé inapte à élaborer les plans des batailles où se joueraient les destins de la France. Des hommes, inconscients ou sans foi avaient décrété que les principes éprouvés de la guerre étaient frappés de caducité, que les immobiles canons désormais donneraient l'assaut. L'infanterie, cette reine découronnée et passée servante, ne connaîtrait plus d'autre idéal que l'aplatissement résigné aux champs des entonnoirs.

« Je suis aux ordres du Gouvernement », répliqua le général Nivelle aux explications du ministre de la Guerre. « Je n'ai pas sollicité le commandement en chef ; je ne connaissais ni le Président de la République, ni le Président du conseil, ni même aucun ministre. Si l'on m'a investi d'un périlleux honneur, c'est sans doute qu'on m'en jugeait digne par mes actes [1] ; si aujourd'hui l'on estime utile à la France qu'un autre prenne ma place, je n'ai rien à objecter. »

Mais semblable abnégation ne suffisait pas entièrement à un parlementaire habitué aux subtiles manœuvres. De la retraite du Généralissime, il aurait préféré ne pas endosser la grave responsabilité devant l'armée, devant le pays, devant nos Alliés, devant l'Histoire ! Aussi, en

---

1. En août 1914, Nivelle était encore colonel.

termes alambiqués, M. Painlevé insinua-t-il au général Nivelle que dans l'intérêt national, une remise de démission serait préférable à une révocation ; — que les causes de cette démission pourraient être officiellement attribuées soit à un mauvais état de santé, soit aux changements introduits dans le Grand Quartier Général ; qu'au surplus, le Généralissime ayant affirmé souvent ne pas tenir à de trop hautes fonctions, un poste de commandant d'armée lui serait aussitôt désigné. « Eh, ajouta finement M. Painlevé, ce serait d'un bel et bon exemple ! »

A cette singulière invitation, qui ne s'adresse d'ordinaire qu'à des coupables pour les dérober à un scandale, le Généralissime répondit avec hauteur qu'en effet il n'avait jamais souhaité le commandement ; qu'en eût-il été ainsi, il aurait le droit de nourrir des regrets, en présence des obstacles, des pièges accumulés depuis deux mois sous ses pas ; mais que le gouvernement responsable était qualifié pour prendre les mesures estimées par lui nécessaires. Quant à lui, Nivelle, il n'avait pas à prêter son concours à des combinaisons politiques.

« Comment d'ailleurs, s'écria-t-il, pourrais-je prétexter les changements survenus au Grand Quartier Général, puisque moi-même les ai ordonnés ? — Quant à ma santé, croyez-le bien, elle est excellente ! »

Et le Ministre insistant : « Je n'ai rien de plus à ajouter, si ce n'est ma conviction que vous allez rejeter le pays dans une émotion nouvelle ; ainsi faites-vous le jeu de l'ennemi ! »

*
* *

Le soir même, le général Nivelle retourna à Compiègne où l'appelaient des devoirs urgents. Le lendemain, il était attendu dans un secteur du front.

Mais M. Painlevé ne s'estima pas battu dans sa manœuvre tournante. Dès la matinée du 11, il adressa au Généralissime une invitation formelle de revenir à Paris, et ce au mépris de toutes considérations militaires.

« Avez-vous réfléchi depuis hier ? demanda le Ministre, dès qu'il eut sa victime en face de lui. » — « A quoi ? » — « A l'opportunité d'offrir votre démission. » — « Non, Monsieur le Ministre, j'ai d'autres sujets d'occupation ; nulle réflexion d'ailleurs ne peut m'amener à un changement de décision. » — « Eh bien ! allons ensemble au Comité de Guerre. »

Celui-ci se réunissait à 14 h. 30 à l'Élysée. Il était 14 h. 15.

Au Comité de guerre, on commença à traiter de diverses questions. Puis, M. Ribot interrogea : « On fait au Gouvernement le reproche d'être intervenu dans les opérations. J'espère, général, que vous pourrez dire qu'il n'en est rien !!! »

Alors le général Nivelle, sans manifester la

moindre surprise d'une si étonnante prétention, exposa longuement l'affaire de Brimont, c'est-à-dire la suite des événements dont l'épilogue fut marqué par cette communication téléphonique du 29 avril, 19 heures : « Le Conseil des ministres a décidé de surseoir à l'opération sur Brimont. »

A la révélation de ces termes précis, certains ministres présents, entre autres MM. Bourgeois et Maginot, s'exclamèrent, affirmèrent que jamais le Conseil des ministres n'avait délibéré sur semblable sujet !...

On parla ensuite des pertes éprouvées dans l'offensive, de la différence entre les chiffres fournis par le Service de Santé et ceux établis par le Commandement, du général Mangin et de sa mise en disponibilité. — Enfin, le Conseil continuant à tenir séance, liberté fut rendue au général Nivelle.

Or, comme, vers la fin de l'après-midi, ce dernier s'apprêtait à regagner Compiègne, un officier supérieur le joignit pour l'inviter à se présenter vers 10 heures du soir au ministère de l'Intérieur, chez M. Malvy. La mission de cet officier était de ramener le Généralissime, même s'il était besoin, depuis son quartier général.

Introduit à l'heure indiquée devant M. Malvy, qu'assistait M. Maginot, le général Nivelle apprit de ces ministres que finalement le Conseil avait décidé de laisser les choses en état et, par suite, de le maintenir au poste de commandant en chef. Et après un échange de bonnes paroles, il se hâta de repartir pour Compiègne où, pendant deux journées, pour la première fois depuis longtemps, il put vaquer aux écrasants devoirs de sa charge sans être interpellé par téléphone ou appelé à la botte du ministre.

Mais, dès le 14, une convocation impérative nouvelle arriva. Il fallait être à l'Élysée le lendemain 15, à 9 heures.

- Pendant ce temps, les soldats de la France luttaient au Chemin des Dames contre les attaques allemandes...

*
* *

A l'Élysée, la conversation fut renfermée entre le Généralissime, le Président de la République et le Président du conseil. Celui-ci déclara tout d'abord que la position du Gouvernement était hérissée de difficultés, que la personnalité du Généralissime n'était certes pas en cause, que le ministre de la guerre entendait simplement substituer à la méthode de guerre Nivelle-Mangin la méthode Pétain. En conséquence, ce ministre insistait à nouveau pour le remplacement du commandant en chef, menaçant, s'il ne lui était pas donné satisfaction, de créer au Parlement une profonde agitation par la communication de dossiers à l'avance préparés, et en même temps de donner avec éclat sa démission. Une crise générale ministérielle s'ensuivrait, dont la gravité n'était pas à démontrer.

« Enfin, général, conclut M. Ribot, vous êtes en désaccord avec le Ministre de la guerre ; et, puisque la création du chef d'état-major général n'a pu aplanir de fâcheuses divergences, il faut que l'un des deux, le généralissime ou le ministre, s'en aille. La démission du second devant entraîner les plus graves inconvénients, c'est au premier à comprendre que son départ est à la fois d'intérêt général et personnel. Tel est d'ailleurs l'avis de M. Briand, qui vous a appelé au commandement en chef. »

Cette dernière assertion était nettement inexacte ; car M. Briand, bien au contraire, avait toujours estimé le maintien du général Nivelle comme répondant aux nécessités de la guerre.

A son tour, le Président de la République prit la parole. Il se dit résolument adversaire de toute crise de commandement, surtout dans les circonstances actuelles ; mais, vu son irresponsabilité constitutionnelle, il ne put qu'exprimer le regret d'être contraint à s'incliner devant les raisons mises en avant par les ministres responsables.

Après avoir respectueusement écouté ses interlocuteurs, le général Nivelle, en quelques courtes phrases, replaça la question au point où elle était quatre jours auparavant. Depuis lors, aucun fait nouveau ne s'étant produit, il n'avait donc aucun motif pour changer d'opinion. Il continuait à demeurer aux ordres du Gouvernement ; mais il se garderait d'intervenir dans les combinaisons politiques et parlementaires : « Quelle que soit ma déférence pour le Chef de l'État et le Président du Conseil, ma conscience parle plus haut que leurs avis. Que chacun prenne ses responsabilités ! »

*
* *

Le 16 mai, à son quartier-général de Compiègne, le général Nivelle reçut officiellement l'avis que le général Pétain était nommé au commandement en chef des armées du Nord et du Nord-Est. En même temps, par lettre de service, il était lui-même affecté au commandement d'un groupe d'armées, d'ailleurs inexistant, mais dont la formation, aux dires du nouveau Généralissime, était envisagée dans un délai prochain.

Les jours passèrent, l'ancien commandant en chef ayant établi son quartier général à Senlis, ville assignée.

Le 29 juin arriva une lettre du général Pétain. La mise du général Nivelle à la disposition du ministre y était simplement formulée, en l'absence de tout commandement de groupe d'armées vacant et de toute autre mission éventuelle.

Le disgracié ne crut pas devoir accepter sans protestation la mesure anormale par laquelle le général Pétain, d'un trait de plume, annulait un décret du Chef de l'État. Après avoir vu M. Poincaré qui reconnut le vice de forme et se réserva d'en parler au Ministre de la guerre, il demanda au nouveau Généralissime si un fait nouveau avait déterminé la mise définitive à l'écart dont il était frappé.

La réponse du général Pétain fut aussi nette que brève. Le seul motif, pour lequel l'armée française devait être privée du chef qui l'avait conduite à la victoire, était déterminé par une *levée de boucliers contre ce chef dans la Chambre des députés*.

Cependant, pour en finir et régulariser, selon les observations du Président de la République, l'illégalité commise, le Ministre de la guerre fit prendre en Conseil un décret rapportant le décret conférant au général Nivelle le commandement d'un groupe d'armées ; puis le 1er juillet, il avisa cet officier général qu'un congé de repos de trois mois lui était accordé d'office.

Tel fut le traitement infligé au véritable sauveur de Verdun, au libérateur de Douaumont et de Vaux, à celui qui, en dehors de toutes intrigues et par sa valeur propre, était passé en deux années, du commandement d'un régiment à la direction suprême de toutes les armées alliées sur le front occidental. Désormais le soldat dans lequel s'était incarnée la haute vertu d'offensive de notre race, restera impitoyablement écarté des champs de bataille où se décidera la victoire.

CHAPITRE XV

LES MUTINERIES

Sitôt consommé le changement de généralissime, des mutineries éclatèrent dans l'armée. Cette triste période de la guerre réclamerait des développements historiques qui n'entrent pas dans le cadre de cette étude. Il suffit d'établir la vanité des raisons au nom desquelles le trouble répandu dans l'armée fut imputé à la méthode du général Nivelle.

La cause foncière des mutineries doit être placée uniquement dans une diffusion infâme de germes empoisonnés et jetés au vent. Ces germes tombèrent sur un terrain favorable, à l'heure d'une démoralisation passagère, fatalement issue des légendes calomnieuses accumulées contre un général en chef.

« J'estime, a dit M. Bérenger devant la Haute-Cour de Justice, au procès Malvy, que le fait d'avoir répandu dans l'armée et dans la nation cette idée fausse que l'offensive du 16 avril avait été un échec, de l'avoir répété et d'avoir frappé un général victorieux à Craonne, a exercé une influence sur les esprits, mais pas dans le sens où on l'a pensé. »

Et, en effet, les esprits de nos soldats, depuis longtemps en butte aux plus criminelles suggestions, s'affaissèrent brusquement, lorsque du haut du pouvoir, des voix, à leurs yeux autorisées, transformèrent en défaite caractérisée une victoire aussitôt interrompue que commençante.

Pourtant, le Ministre de la guerre n'ignorait pas ce lumineux rapport du général Nivelle :

28 février.

Le général commandant en chef les armées du Nord et de l'Est, à M. le Ministre de la Guerre (Cabinet).

J'ai l'honneur de vous faire connaître que j'ai signalé au ministre de l'Intérieur les faits de menées pacifistes suivants :

Sous peine de compromettre gravement le moral des troupes, j'estime que des mesures sérieuses doivent être prises. Je vous serais obligé d'intervenir auprès de M. Malvy, en vue d'arrêter les mesures destinées à enrayer immédiatement ces menées.

Les faits de propagande pacifiste aux Armées se multiplient.

Les tracts. — Depuis plus d'un an, des tracts, brochures, journaux pacifistes, parviennent aux Armées. Il en sévit maintenant une véritable épidémie. On en arrête plus en quinze jours qu'on en saisissait en trois mois, en 1916.

Ces tracts émanent du *Libertaire*, du Comité pour la reprise des relations internationales, du Comité de défense syndicaliste, de la Fédération des métaux, du Syndicat des Instituteurs, de l'anarchiste Sébastien Faure, principalement.

Ils apportent le doute quant à la justice de la cause pour laquelle les soldats se battent. Ils font l'apologie de l'Allemagne, affirment l'impossibilité de la victoire, et prétendent que la paix seule résoudra les problèmes du charbon et de la vie chère.

D'aucuns renferment les plus dangereuses indications et les pires conseils. Une brochure qui a circulé : « En cas de Guerre » décrivait les procédés pratiques de sabotage et de fabrication des explosifs.

Ces factums entament l'esprit d'offensive des combattants, les énervent, les découragent.

Les permissionnaires aux réunions. — Pendant leur permission un certain nombre de soldats assistent à des réunions où, sous prétexte de traiter des questions corporatives, les chefs syndicalistes et anarchistes exposent les théories pacifistes. De retour aux tranchées, ils répètent à leurs camarades les arguments qu'ils ont entendus.

Militaires en relations avec les meneurs. — Quelques soldats restent en correspondance suivie avec les individus qui semblent conduire la propagande. Les lettres qu'ils leur adressent accusent réception de journaux, tracts, feuilles volantes qu'ils avouent avoir communiqués ou répandus.

Certains ont pris l'initiative d'adresses collectives aux meneurs. Sébastien Faure, Merrheim, Hubert, Benat, Hasfeld, H. Brion, Mecheriskoff, sont les propagandistes qui possèdent le plus de correspondants.

L'activité des meneurs sur les contingents alliés. — Ces chefs de file étendent leur influence jusque sur les contingents Alliés.

Des soldats belges correspondent avec Sébastien Faure et répandent ses écrits.

Des soldats russes demandent à Mecheriskoff de leur faire parvenir, par des voies détournées, le journal révolutionnaire : *Natchalo (Le Début).*

L'action de quelques meneurs. — Trois d'entre les meneurs mènent une action plus particulièrement intense et détestable : Merrheim, Sébastien Faure et Hubert. Ils paraissent l'âme de la propagande.

Les lettres de leurs correspondants et celles faisant allusion à leur rôle prouvent qu'ils préparent une campagne d'agitation ouvrière qui aboutirait à un large mouvement pacifiste pour le 1er mai. Si ce fait se produisait, le mal recevrait un coup sérieux aux Armées.

L'agitation ouvrière. — Ainsi que je l'ai signalé dans ma lettre n° 1304, du 25 janvier dernier, au ministre de la Guerre (Cabinet), les difficultés ouvrières, les grèves dans les usines de guerre, la part prise par les mobilisés aux discussions qui engendrent les conflits, exercent l'action la plus fâcheuse sur les premières lignes.

L'impression est devenue nettement déprimante lorsqu'on a su :

1° Que les mobilisés soutenaient de leurs deniers leurs camarades grévistes ;

2° Que, dans certains cas, à Bourges notamment, ils avaient osé se syndiquer ;

3° Que ceux d'entre eux qui travaillaient dans les arsenaux sont des agents actifs de la propagande pacifiste ;

4° Que l'indiscipline règne dans les établissements de l'État, qu'on y distribue et que l'on y vend ouvertement dans les ateliers les tracts, manifestes et journaux pacifistes, qu'on y perd volontairement du temps, que le rendement est bien inférieur au rendement moyen, que des malfaçons ont été commises ;

5° Qu'il s'agit là d'une situation générale s'étendant à Bourges, Paris, Puteaux, Tarbes, Toulon, Toulouse ;

6° Qu'elle gagne toutes les usines travaillant pour la Défense Nationale dans les départements de la Seine et de Meurthe-et-Moselle (Frouard) plus spécialement ;

7° Qu'à l'instigation de la Fédération des Métaux et de son secrétaire Merrheim, les ouvriers refusent d'accepter le barème des prix élaborés par le ministère de l'armement, et préparent de nouvelles grèves ;

8° Qu'en dépit de la crise du charbon et de l'arrêt de certaines usines de guerre, occasionné par le manque de combustible, les mineurs du Pas-de-Calais décident de réduire la durée de leur travail.

Les combattants ne peuvent comprendre que mobilisés et ouvriers répondent ainsi à leur désintéressement. Leur confiance dans la puissance de nos productions de guerre s'ébranle.

Campagne contre la culture des terres. — Enfin, au moment où la raréfaction des denrées oblige à recourir à des mesures restrictives, et où on réclame pour l'agriculture des bras nouveaux, les combattants s'irritent de la campagne menée contre l'ensemencement des terres, dans les départements de l'Allier et du Cher principalement.

Propositions. — Il y aurait lieu de saisir les tracts dans les imprimeries qui les tirent, d'interdire les réunions ou les discussions ne se limitant pas à des questions strictement professionnelles, de supprimer le journal révolutionnaire *Natchalo*, d'empêcher les menées de Séb. Faure, Merrheim, Hubert et de la douzaine d'agitateurs qui les appuient, de briser la propagande pacifiste et d'exiger un travail normal dans les usines de guerre et les Arsenaux. »

Signé : Nivelle.

Nul témoignage ne peut infirmer ce rapport

documenté, rédigé trois mois avant l'époque oùs le mutineries ont sévi dans quelques corps de nos armées, et qui dénonce clairement l'œuvre détestable à laquelle le pouvoir civil opposera de dérisoires obstacles. Et cependant, au procès Malvy, sans même faire allusion aux avertissements du général Nivelle, avertissements que, ministre de la guerre, il avait dédaignés, M. Painlevé affirmera « qu'avant tout, la déconvenue de l'offensive du 16 avril avait secoué à fond l'âme de l'armée française ». Et, en appuyant, il ajoutera que « pour chercher la racine profonde des mutineries, c'est là que l'on devait aller ».

Mais ce que M. Painlevé ne dit pas devant la Haute Cour, parce qu'il se serait accusé lui-même, c'est que la déconvenue dont fut meurtrie l'âme déjà intoxiquée de certains soldats, fut créée de toutes pièces par la campagne ministérielle et parlementaire de calomnies contre le haut commandement, puis par la transformation officielle d'une victoire au moins relative en une défaite caractérisée. Au même procès Malvy, M. Ribot n'hésita pas d'ailleurs à définir la responsabilité de son ancien collaborateur, en reconnaissant que l'offensive de l'Aisne « ne fut pas un échec, fut même un succès, mais pas celui qu'on avait espéré ». Et il constata : « malheureusement, on avait trop escompté ce succès, et, d'autre part, *on* avait trop exagéré les pertes et les fautes du commandement. » Qui ? *on*, si ce n'est l'homme responsable qui apporta au Conseil des ministres des chiffres inexacts de pertes, qui, avant comme pendant la bataille, distilla la méfiance et sema le désarroi parmi les chefs de nos armées ?

Cette question des pertes est d'une gravité exceptionnelle. Car, l'on ne peut nier que les rumeurs répandues dans l'armée et dans la nation sur les effroyables hécatombes dont Nivelle et Mangin auraient été les promoteurs, n'aient produit une atmosphère de démoralisation qu'aucun démenti de presse ne put ensuite dissiper. Mais aujourd'hui, d'autres conclusions doivent être tirées d'événements alors embués de toutes les fumées des batailles, et ces conclusions frappent directement au visage ceux qui, en avril 1917, proclamèrent la défaite française, lorsque déjà, à Laon, l'ennemi pliait bagage et que l'Allemagne frissonnait à la pensée de l'écroulement de son front occidental.

L'émotion intense qui, dès le soir du 16 avril, se manifesta à Paris dans les milieux politiques, fut provoquée par des membres du Parlement qui étaient allés « assister à la bataille », tout en déjeunant confortablement dans un Quartier Général.

Sitôt de retour dans la capitale, ces touristes répandirent à flots les fausses nouvelles, qu'enflèrent de nombreux agents étrangers, surpris eux-mêmes d'une semblable aubaine. Et, dans les journées suivantes, parmi un affolement incompréhensible pour beaucoup, la panique s'étendit et grandit.

Aux mêmes heures, les généraux du Kaiser, battus, étaient relevés de leurs commandements; la presse allemande ne dissimulait pas ses inquiétudes. Mais instantanément, les journaux d'Outre-Rhin, informés que leurs confrères parisiens enregistraient l'échec définitif de l'offensive française, virèrent de ton, tandis que les communiqués de Ludendorf, se hâtaient de célébrer la victoire de la défensive allemande dans la grande bataille printanière de rupture.

Ainsi, de nouveau, se vérifia ce vieux principe : Le vaincu, le plus souvent, est celui qui croit l'être. Mais, cette fois, cette croyance n'avait arrêté dans leur élan ni les chefs ni les soldats. Elle avait pris forme aux âmes défaitistes de non combattants. Partie de l'arrière, appuyée sur l'autorité gouvernementale du moment, elle avait paralysé des vaillants déjà au seuil de la victoire. Spectacle inouï, sans analogie dans aucun temps, sous aucun régime !

Les chiffres des pertes qui circulèrent dans Paris dès le 17 avril furent tellement fantaisistes que toute discussion à leur égard est superflue. Notons simplement qu'on les estima couramment, pour une seule journée, à 150.000 hommes mis hors de combat !

Plus sérieuses, en apparence, étaient les statistiques du Service de Santé dont des informateurs bénévoles faisaient état devant qui voulait les entendre. Or, ces statistiques étaient établies en comptant deux et même trois fois le même blessé, à ses entrées successives dans les ambulances de l'avant, dans les hôpitaux d'évacuation et dans les formations sanitaires de l'arrière ! — Certains blessés étaient décomptés une première fois comme évacués, une seconde comme hospitalisés ! Enfin, on avait été jusqu'à comprendre dans le total de nos pertes 20.000 blessés allemands, recueillis, faits prisonniers et soignés !

Voilà sur quelle fantasmagorique arithmétique furent basées les accusations les plus délétères. — Le héros de Vaux et de Douaumont, le glorieux Mangin, qui plus tard portera nos drapeaux à Mayence, ne fut-il pas flétri de ce sobriquet : le boucher ? — Et cette arithmétique lugubre aboutit à une addition dont la somme majorait de près de moitié les pertes réelles.

D'ailleurs, ces pertes, nul ne pouvait les connaître au juste le 16 avril au soir, ni même le lendemain. Les états ne sont en effet dressés que *tous les cinq jours* (des unités engagées ne sauraient en effet fournir des états journaliers), et ils ne peuvent au surplus être établis de manière exacte, alors qu'il s'agit d'éléments encore sur la ligne de feu. Cependant le service de santé accusait, du 16 au 23 avril : *80.699* blessés, — alors que le nombre relevé était de *43.644*.

Lorsque les chiffres des pertes éprouvées du *16 au 25 avril* furent définitivement rectifiés, ils se présentèrent ainsi pour l'ensemble des IVe, V^e, VIe, X^e armées :

Officiers et hommes de troupes (Russes et Sénégalais compris) 96.125 — tués, 15.589 ; blessés, 60.036 ; disparus, 20.500

Parmi les disparus, outre les morts, figuraient les égarés, les déserteurs, et environ 4.000 prisonniers, d'après les communiqués allemands.

La moyenne des pertes par division était ainsi de 2.380 hommes. Sur la Somme, du 1er au 15 septembre 1916, la même moyenne avait été de 2.350. — L'émotion soulevée était donc factice, n'étant en rien justifiée par les faits.

Mais que, par ignorance, les pertes aient été originellement exagérées, et la sévérité de l'histoire ne s'exercerait que sur le défaut de méthode de leurs calculateurs. Ce qu'aucune conscience ne saurait admettre, c'est qu'une fois ces pertes précisées, ramenées à leur juste amplitude, le pays et l'armée, par une volonté raisonnée, aient pu être laissés sous l'impression durable de l'erreur initiale. Or, il en fut ainsi.

Dès le 25 avril, toutes les causes d'erreur avaient été reconnues. Le Gouvernement était mis en possession des chiffres exacts. Il refusa pourtant de revenir sur les anciens ! — Pourquoi ? Parce que, selon l'opinion de M. le Président de la République déjà produite en ces pages, « l'excuse du mauvais fonctionnement du Service de Santé résidait précisément dans le nombre inattendu des blessés et que c'était là une excuse qu'*on* ne voulait pas perdre. » Qu'importait donc à certains hommes une équivoque dont pouvait mourir la Patrie?

*
* *

Les mutineries, selon l'expression même de M. Painlevé, ont donc « pris racine » dans les excitations d'agitateurs et de traîtres, laissés libres sur le territoire. Elles ont ensuite couvé sous l'influence des suspicions jetées de haut sur le Généralissime, de la méfiance semée au sein du commandement; enfin, elles ont éclaté lorsque les troupes ont appris, par des bouches officielles, qu'au lieu d'être victorieuses, elles étaient vaincues, après avoir été conduites à des boucheries proclamées inutiles.

Néanmoins, il importe de remarquer que, jusqu'au 15 mai, date à laquelle fut rendue publique la crise du Commandement, la discipline de l'armée ne donna lieu à aucune inquiétude sérieuse. Le trouble ne commença à se produire qu'après la nomination du général Pétain aux fonctions de généralissime. et dans la certitude acquise de l'abandon du plan d'offensive.

S'il est prématuré d'épiloguer sur des faits encore mal connus et qui d'ailleurs n'appartiennent point à la période de commandement du général Nivelle, on a le droit de penser que l'offensive générale maintenue eût dissipé les quelques miasmes répandus en des âmes passagèrement troublées. Jamais le soldat français n'a boudé au mouvement en avant, car celui-ci l'emporte hors des dépressions morales. Mais l'heure de la stricte défensive venait de sonner pour de longs mois, et le nouveau Généralissime préférera restaurer la santé ébranlée de l'armée par une médication émolliente dont les résultats dans un organisme foncièrement sain seront d'ailleurs si rapides et si complets que, *six semaines plus tard*, de l'aveu même de M. Ribot, *nulle trace ne demeurait de l'agitation passée*. Et ce témoignage est précieux. Il établit sans conteste que les mutineries de mai et juin 1917 n'ont constitué en rien les causes déterminantes de la longue inaction observée ensuite entre l'Oise et les Vosges. Cette inaction devait prendre sa seule genèse dans le plan méthodique du général Pétain, dont l'application enfin était permise à son auteur. A ce sujet, prolonger la discussion serait vouloir enfoncer une porte ouverte.

CHAPITRE XVI

CONSÉQUENCES ET CONCLUSIONS

Les événements dont le récit vient d'être esquissé à la lumière de documents probants, ont rempli la période de la guerre que l'on peut dénommer médiane. Avant eux, ce fut la lutte chronique des tranchées, au cours de laquelle la France, à l'exemple de l'Angleterre, avait travaillé à la mise au point d'un instrument militaire capable d'assurer la victoire. Après eux, dans la conviction que cette victoire ne saurait plus être remportée que grâce à l'assistance américaine, le commandement français se renfermera dans une attente obstinée. Mécontent, le commandement britannique, après avoir persévéré quelque peu dans la bataille d'Artois, engagera dans les Flandres l'opération qu'il envisageait depuis longtemps, et dont le succès isolé, sur un théâtre défavorable, était hors de toute vraisemblance.

On a dit et répété que la méthode du général Pétain se justifiait par l'entrée dans la guerre de la grande République américaine. Des armées nouvelles et illimitées en hommes, une fois instruites et transportées sur les champs de bataille, produiraient la rupture d'équilibre, vainement recherchée jusqu'alors. N'était-ce pas une application de ce sophisme, si souvent proclamé, que le temps « travaillait pour les Alliés ». Mais le temps ne travaille pour personne? Dans son étendue, il s'offre comme un champ inculte sur lequel lèvent les seules moissons semées à l'heure propice, dans le perpétuel inconnu des intempéries, ces faucheuses d'espérances.

Si, d'une part, l'Amérique préparait des soldats dont l'apparition en Europe ne pouvait être escomptée que pour un lointain indéterminé, d'autre part, la Russie penchait rapidement vers l'abîme. Or, devant elle était encore stationné un tiers des armées allemandes. Était-il sage de risquer le destin de la France et du monde sur des secours à échéance incertaine, alors que l'effondrement de l'alliée orientale n'était plus d'évidence qu'une question de semaines? — surtout, si, dans l'immobilité du front d'Occident, cette alliée était abandonnée à la désespérance, parmi les troubles grandissants de la Révolution. — Sir Douglas Haig avait répondu à plusieurs reprises nettement à cette question; et avec lui tout esprit réfléchi ne peut que se prononcer pour la négative. Le seul résultat final ne suffit pas en effet à fixer la valeur d'une conception et de son exécution. Les risques que celles-ci ont fait courir, les énormes sacrifices dont elles ont été le prix, doivent entrer en ligne de compte dans les jugements portés. Non davantage à la guerre que dans la morale individuelle, la fin toujours ne justifie pas les moyens.

Au mois de mai 1917, les hostilités duraient depuis trente-trois mois. La France, déjà, était épuisée de sang et de richesses. Douze cent mille de ses enfants étaient morts, et un demi-million mutilés. « L'année terrible » 1870-71, à la suite de laquelle le relèvement de la Patrie avait paru miraculeux, n'avait pas coûté 40.000 vies !

La dette contractée, pour toutes causes diverses et multiples, était formidable, supérieure aux forces contributives du pays. Elle dépassait deux cents milliards. Dix départements, représentant le cinquième de la richesse totale de la nation, étaient en partie ravagés et ruinés. Il importait au plus haut point que l'étendue de la dévastation ne fût plus amplifiée, et seule la conservation de l'initiative stratégique et tactique permettait d'écarter le péril, toujours suspendu, d'une extension de l'invasion.

Si ces raisons, pour ainsi dire d'ordre intérieur, militaient en faveur de la poursuite tenace de l'offensive, cette poursuite de plus restait imposée par la situation générale extérieure que dominaient les événements de Russie. Le gouvernement de Kerensky, quoique branlant, tenait encore ferme devant les menées des extrémistes, vendus à l'Allemagne. Broussiloff, avec des armées affaiblies, mais conservant du moins le mérite d'exister, préparait une suprême campagne entre les Carpathes et le Dniester. Il était évident que seul le bruit du canon d'Occident maintiendrait dans l'alliance un peuple disposé à glisser sur la pente de l'anarchie, à renier tout son passé pour des idéologies de rêveurs ou des excitations de bandits. Et, de la Baltique à la mer Noire étaient toujours alignées 90 divisions allemandes !

Aux mêmes heures, entre la mer du Nord et la Suisse, la supériorité numérique des Alliés était réellement écrasante. Elle se chiffrait par 1.800.000 hommes, d'après le tableau général des rationnaires établi au 1er avril 1917 et qui se présentait ainsi :

Front occidental.

Français.	2.600.000
Britanniques.	1.800.000
Belges.	100.000
Total des Alliés :	4.500.000
Allemands :	2.700.000

Le matériel d'artillerie lourde était à peu près égal en nombre dans les deux camps : 6.000 pièces environ ; mais les canons britanniques et même certains des nouveaux canons français étaient devenus supérieurs à ceux qu'ils devaient combattre.

Quant au problème difficile de la tactique offensive sur le champ de la bataille moderne, il avait été résolu. Il sera appliqué par les Allemands au printemps de 1918, victorieusement ; et, ainsi, l'ennemi imitera les procédés mis en œuvre par le général Nivelle dans les batailles libératrices de

Verdun, les 24 octobre, 2 novembre, 16 décembre
1916, puis le 16 avril sur l'Aisne. Ces procédés
eux-mêmes découlaient à la fois des expériences
acquises et des nouvelles méthodes défensives qui
utilisaient non plus des ouvrages repérables, mais
les entonnoirs d'obus, c'est-à-dire le terrain tel il
s'offre dans un bouleversement sans cesse chan-
geant. L'artillerie, par suite, ne pouvait plus détruire
avant l'assaut les organisations adverses ; elle
était incapable de « conquérir », selon une formule aux séductions trompeuses. Elle devait revenir à son rôle véritable et traditionnel, qui est
d'ouvrir la voie à l'infanterie, toujours reine des
batailles, quoiqu'on en ait dit parmi cette confusion de principes qu'engendra toujours la durée
imprévue des guerres.

La solution du problème avait été trouvée dans
le « barrage roulant », basé sur un isochronisme
qu'observent à la fois les artilleurs et les fantassins.

« Cette invention, toute française, a écrit
M. Joseph Bédier [1], consiste à abattre à l'instant
de l'assaut, à 200 mètres en avant de la troupe
d'infanterie qui attaque, un barrage, aussi dense
que possible, d'obus d'artillerie de campagne. Ce
rideau de feu, chronométré à l'avance, se met en
marche à la même seconde que la vague d'assaut ; il progresse à l'allure qu'a convenu de

____

1. *Revue des Deux Mondes*, 15 avril 1919.

prendre l'infanterie ; l'infanterie le suit au plus près.

« Le résultat est que la vague d'assaut ne risque plus d'être arrêtée par les îlots de résistance que l'ennemi a pu semer dans le champ des entonnoirs : elle les dépasse, parce que leurs garnisons demeurent impuissantes aussi longtemps que les obus du barrage s'abattent sur elles. Sans doute, une fois que le barrage et la vague ont passé, ces garnisons se reprennent et veulent agir ; mais alors elles ont affaire à des équipes spéciales qui n'ont d'autre tâche que de les réduire et qui sont armées en conséquence : grenadiers V. B., grenadiers qui manœuvrent les lance-flammes Schilt ou les appareils Z (gaz asphyxiants). Cependant, les vagues d'assaut continuent leur marche. »

Ainsi, après tant de tâtonnements, était revenue au jour la doctrine d'attaque, avec ses principes éternels vivifiant des procédés variables.

« Une première vague d'assaut déployée en tirailleurs, marchant au plus près du barrage roulant, passe presque impunément à travers les mailles des organisations adverses, suivie par des vagues de renfort, lesquelles progressent en petites colonnes prêtes à déborder les résistances et à refouler les contre-attaques. Derrière chacune de ces vagues, les équipes de nettoyage opèrent contre les îlots défensifs qui ont pu subsister. Ainsi conduite, une attaque bien préparée doit toujours parvenir et, en fait, est toujours parvenue, en 1917, à emporter la première ligne de résistance ennemie. »

La possibilité de pousser plus au loin était d'ailleurs certaine, parce qu'une artillerie nombreuse et devenue mobile pouvait accompagner le mouvement de l'infanterie. Et c'est pourquoi M. Joseph Bédier n'a pas hésité à écrire : « Quand s'ouvre l'année 1917, le puissant outil de guerre qu'est l'infanterie française semble atteindre le plus haut point de sa perfection technique. »

Donc, supériorité énorme d'effectifs, artillerie égale en quantité et prépondérante en qualité, infanterie admirable en possession d'une doctrine éprouvée de combat ; tels étaient les atouts que les Alliés tenaient en mains en des heures trop fugitives. La Victoire, dès lors, pouvait à brève échéance sauver une Europe ensanglantée, néanmoins restée seule maîtresse de ses destinées. La Russie n'aurait pas connu la honte de Brest-Litovsk, la Roumanie l'humiliation de Bucarest ; le bolchevisme ne serait pas sorti des tanières au fond desquelles secrètement il touchait l'or allemand ; la France n'aurait pas connu de mortelles angoisses, de nouvelles et tragiques dévastations, parmi les sacrifices répétés de sa jeunesse et cent milliards jetés encore à la boue hivernale des tranchées.

La guerre aurait pu finir un an plus tôt. Tout l'indique et tout le prouve, jusqu'aux victoires allemandes du 21 mars et du 27 mai 1918, puisque Hindenburg ne mit alors en œuvre que des moyens possédés par les Alliés en 1917, avec une tactique dès cette époque pratiquée par eux. Il est vrai que l'État-Major impérial sut organiser la surprise, que tant d'esprits en France et en Angleterre déclaraient désormais impossible. Mais, que le général Nivelle n'eût pas connu, pendue à ses basques, une meute de politiciens aussi curieux que bavards ; qu'il n'eût pas été par elle cloué sur place dès les premiers moments de la gigantesque bataille conçue par son cerveau, — et nul n'osera prétendre qu'une surprise n'eût pu se produire à l'heure venue de « l'événement napoléonien ».

Car il est deux véhicules à la surprise : le secret et la vitesse. Ce sont, selon l'image de Clausewitz, « les deux puissantes ailes de l'aigle ravisseur qui va fondre sur sa proie ». Quand le secret n'a pu être réalisé ou s'est évanoui, le salut de la manœuvre se réfugie dans la vitesse, la vitesse à outrance. Et c'est par celle-ci que Nivelle déjà avait délivré Douaumont et Vaux, ces captifs des Hauts-de-Meuse !

Mais comment un général en chef pourrait-il utiliser la vitesse, lorsque de ministres, ou de certains généraux, les uns ruent dans les brancards, étant sans énergie et sans foi, tandis que d'autres le ligottent ? Puis dans l'attaque comme en steeple, c'est avec le cœur, non avec le seul cerveau, qu'on franchit les obstacles ; or toujours l'esprit mathématicien n'a éclairé que le cerveau.

M. Painlevé est un savant, nul ne méconnaît cette vérité ; mais conduire des armées est autre chose que résoudre des équations ardues ou poser les fondements de sciences exactes. Même, il y a antinomie entre les qualités qui président au succès d'une guerre et celles que réclame l'étude de hautes spéculations, car entre elles s'étend le vaste espace qui sépare l'abstraction de la contingence, l'irréel lointain de l'objectif immédiat.

C'est pourquoi M. Painlevé, assis dans le redoutable cabinet du Ministre de la guerre, fut-il séduit par la doctrine d'attente indéfinie, préconisée par le général Pétain, doctrine qui répondait à certaines idées, alors admises, sur la puissance invulnérable des lignes défensives allemandes et de plus s'adaptait au caractère même de son inventeur. L'ennemi était bien là, de Dunkerque à Belfort, incrusté au sol de la patrie ; mais le déraciner était réputé œuvre impossible, avant que de l'avenir incertain n'eût surgi un nouveau miracle, le miracle américain.

Ils ne se disaient pas, ces hommes, qui sur une chance unique, imprécisée dans ses effets futurs, jouaient l'existence même de la France, que l'ennemi, lui, n'attendrait pas, que l'écroulement russe permettrait aux armées allemandes d'Occident un renforcement tel, que, quelques mois plus tard, la situation numérique serait brusquement renversée sur le théâtre décisif de la guerre. N'ayant pas la foi, ils supprimèrent les risques apparents, les responsabilités gênantes ; et ils se renfermèrent en une immobilité raisonnée, résistante, ponctuée seulement de quelques actions étroitement limitées en largeur comme en profondeur.

Les deux principales de ces actions furent, en août, la coopération de la Ire armée, en Flandre, à la bataille britannique, devant les lisières de la forêt d'Houthulst, et en octobre la bataille de la Malmaison, arrêtée aux bords de l'Ailette. De celle-ci, des apologistes ont écrit qu'elle fut un chef-d'œuvre d'offensive à objectif limité, et certes, nous ne les contredirons pas. Car, dans les limites imposées par le Généralissime, le metteur en scène de cette offensive, qui fut le général Maistre, fit preuve d'une admirable maîtrise tactique. Mais ce qu'il faut condamner hautement, c'est la méthode stratégique tronquée qui impose à des troupes, en dépit d'apparences bonnes pour le vulgaire, des sacrifices inutiles dans un véritable travail de Sisyphe.

Il est temps, en effet, non pour le simple plaisir de critiquer le passé, mais pour préparer l'instruction de l'avenir, de s'inscrire en faux contre cette opinion trop aisément acceptée d'après des chiffres hâtivement proclamés, que la méthode d'attaques limitées assurait une économie de vies humaines. Ainsi a-t-on joué, une fois de plus, sur une équivoque.

Oui, l'attaque limitée est peu coûteuse pour l'infanterie aux instants mêmes où elle s'avance sur un terrain nettoyé par l'artillerie. Mais cette immunité relative ne dure que le temps même de l'attaque. Sitôt les assaillants parvenus à la limite fixée, arrêtés au front de bandière que des ordres interdisent de dépasser, ils sont immédiatement soumis, sans autres abris que les bouleversements du sol, au feu terrible que dirige sur eux un adversaire refoulé, non vaincu. Et si, pendant l'assaut au pas de charge, les pertes se sont présentées souvent négligeables, elles deviennent aussitôt sévères, puis illimitées sur les positions conquises, sans autre profit que la conservation presque toujours précaire de la hernie plus ou moins profonde produite dans le front ennemi. Les opérations limitées, si elles prétendent être des batailles, ne sont donc pas économes de sang humain. Bien au contraire, elles en sont inutilement dépensières, puisqu'aussitôt leur épilogue, tout est à recommencer, sous un tir adverse parfaitement repéré et constant.

D'autre part, on le sait, les adeptes du général Pétain ont expliqué son inaction stratégique pendant le deuxième semestre de 1917 par la nécessité du rétablissement de l'ordre et de la discipline dans une armée mécontente et découragée. Sans insister, de nouveau, sur les responsabilités de ce fait encourues par ceux qui se dressèrent contre le général en chef du printemps et lui suscitèrent tant d'entraves, il est permis de remarquer, d'après la déposition déjà citée de M. Ribot au procès Malvy, que six semaines après la prise de commandement du général Pétain, c'est-à-dire dès juillet, l'atmosphère de l'armée était entièrement purifiée. A ce sujet même, hommage doit être rendu au général Pétain, administrateur remarquable et psychologue averti. — Mais alors, pourquoi, ayant en mains le magnifique instrument d'offensive qu'est une armée française restaurée dans le devoir, et de toutes pièces outillée, a-t-il persévéré dans une inaction générale, dont les conséquences, davantage qu'on ne le pense, pèsent encore sur le monde ?

Sans qu'ils s'en doutent et pour les historiens futurs, dégagés de toute tendancieuse ambiance, les apologistes du général Pétain seront ses *pires détracteurs*. En parlant de la bataille de la Malmaison, l'un d'eux, caché d'ailleurs sous le voile de l'anonyme, n'a-t-il pas écrit : « L'armée française se redresse autour de son général. Elle est de nouveau la plus vaillante et la plus héroïque armée du monde. *On peut maintenant la mener à la victoire. Peu de chefs auraient pu résister à cette tentation de remporter des succès certains. Pétain résiste.* Il va rester sur la défensive pendant des mois, bravant les critiques, les impatiences, le mécontentement des meilleurs de l'armée et du pays [1]. »

Que penser d'un général qui, certain de remporter la victoire, de dissiper enfin l'effrayant cauchemar de trois années, résiste à la tentation de cette victoire ? A la décision libératrice de celle-ci, il pré-

1. *L'Illustration* du 30 novembre 1918 : Le maréchal Pétain, par X. X.

fère obstinément la morne attente ; — et l'on sait à quels désastres cette attente nous a conduits, jusqu'à l'heure lumineuse du maréchal Foch !

Le général Pétain a tablé sur une hypothèse : l'intervention américaine produite en temps utile. Que cette intervention eût manqué, pour une cause ou une autre — et la guerre sous-marine n'était pas la moindre — la France et les Alliés succombaient sous le poids de la totalité des forces allemandes. Or, un soldat n'a pas le droit d'édifier des plans incertains sur une hypothèse ; toujours il doit faire face à la seule réalité objective, qui est l'ennemi présent et concret.

En 1870, un maréchal français, lui aussi, se donna une hypothèse comme directrice de ses actes. Cette hypothèse, c'était la paix imminente, dans l'impossibilité, à ses yeux, de la lutte continuée après nos premières défaites. Pour garder, en vue de cette paix, son armée intacte, il l'enferma dans Metz, et se servit d'elle pour de seules opérations à objectif limité qui se sont appelées les batailles de Ladonchamps et de Noisseville.

Si la paix eût été signée après Sedan, ce maréchal serait sans doute resté le « glorieux Bazaine » des proclamations de Jules Favre. Son hypothèse ayant croulé, il fut condamné à mort et dégradé.

. . . .

Cependant, pour bien faire comprendre les néfastes conséquences de l'immobilité des armées françaises après la révocation du général Nivelle, il importe d'exposer *ce qui fut*, puis de montrer, selon toutes vraisemblances, *ce qui eût pu être*.

Ce qui fut. — Au mois de mars 1917, deux événements d'une importance capitale s'étaient produits au sein du tumulte qui remplissait le monde : la Révolution russe, puis la déclaration de guerre des États-Unis à l'Allemagne.

La première, survenant au milieu d'une terrible crise économique intérieure, parmi des deuils et des ruines dont l'étendue enfin connue stupéfiera la postérité, devait vraisemblablement conduire l'allié oriental à la désorganisation générale, civile et militaire. La Russie moderne était, en effet, une expression géographique et politique, mais non nationale. L'empire des Tsars, agrégat de peuples divers agglutinés par les conquêtes des deux derniers siècles, se présentait comme un monument instable, construit en mosaïques cimentées par l'union au souverain. L'armature en était une bureaucratie policière, vénale et pourrie, dont l'existence pourtant maintenait debout l'édifice. Celui-ci devait s'effondrer le jour où, dans la tempête universelle, cette armature, avec sa clé de voûte au trône, s'effondrerait elle-même.

La déclaration de guerre de l'Amérique apportait aux Alliés les précieuses promesses de ressources illimitées d'armées, cependant encore inexistantes. D'abord il fallait recruter ces armées, les encadrer, les armer, les instruire, avant de les transporter sur des flottes dont, en raison des ravages de la guerre sous-marine, la construction s'imposait.

Donc, d'une part, un secours dont nul raisonnablement ne pouvait préciser l'échéance ; d'autre part la menace immédiate de l'effondrement russe.

Pour conjurer celui-ci ou tout ou moins le retarder, des victoires en Occident apparaissaient nécessaires ; elles ne l'étaient pas moins pour que fût mise à profit l'absence, devenue temporaire, des 90 divisions allemandes retenues au front oriental.

Donc, tout indiquait qu'il fallait entretenir la bataille avec une suprême énergie : bataille de rupture ou bataille d'usure, il n'importe ; mais bataille orientée vers des vues stratégiques dans l'enfoncement final des lignes allemandes.

Or, à l'illusion de la prochaine action militaire américaine, que d'aucuns déjà annonçaient pour les mois d'automne, s'ajouta le sophisme de la restauration militaire russe, présentée comme assurée sous les étendards de la Révolution. Et de toutes parts, avec raisonnements impératifs, fut affirmée la valeur de la stérile méthode d'attente. Au Chemin des Dames, pendant les semaines de juin, se poursuivirent, de tranchées à tranchées, les sanglants combats défensifs sans horizon ; et des morts, aussi nombreux que ceux d'une grande bataille, s'entassèrent sur des crêtes étroites à l'unique occupation desquelles, par ordre, nos énergies demeuraient accrochées.

Cependant les patriotes russes, sentant leur patrie glisser à l'abîme, tentaient un suprême effort. Broussiloff et Korniloff, en Galicie, lançaient en direction de Lemberg les dernières armées dignes d'un glorieux passé.

Le 29 juin, commença la violente lutte d'artillerie. Le 1er juillet, l'infanterie s'élança à l'attaque. Les jours suivants, tandis qu'au nord du Dniester, la bataille restait indécise, au sud du fleuve, Korniloff enfonça le front autrichien. Le 11, il entra dans Halicz et passa la Lomnica. A ce moment les Russes avaient capturé 37.000 prisonniers, 93 canons et 500 mitrailleuses.

Mais, alors que nos Alliés soutenaient ainsi une offensive désespérée, à Paris de graves déclarations étaient faites qui permettraient aux Allemands de jeter rapidement en Galicie des divisions prélevées sur le front français.

Le 7 juillet, à la Chambre des députés, M. Painlevé, Ministre de la guerre, prononça un retentissant discours, dans lequel, devant l'ennemi et avec une candeur qui confond, il proclama à la fois la faillite des principes napoléoniens, l'erreur de l'offensive poussée à fond, la résolution arrêtée d'une défensive ponctuée de quelques seuls intermèdes actifs et strictement limités.

Voici quelques extraits des paroles du Ministre, d'après le *Journal officiel*, pages 1698, col. 3, et 1699, col. 1 :

C'en doit être fini des plans ambitieux et téméraires dont les apparences grandioses dissimulent mal le vide et l'impréparation. *C'en doit être fini des conceptions prétendues à la Napoléon*, obstinément inspirées d'une école, que la réalité a démenties, et qui prétendent disperser et mettre en pièces en quelques jours des armées qui sont en fait des nations en armes.

Une politique de guerre rationnelle, positive, dont la prudence n'exclut en aucune façon l'énergie, qui calcule les forces en présence, les moyens d'exécution, qui ne demande pas l'impossible aux poitrines humaines, mais tire de la machine de guerre sous toutes ses formes le maximum de ce qu'elle peut fournir, voilà la méthode de guerre qui s'impose à nous depuis longtemps, mais aujourd'hui plus que jamais. Cette méthode, Messieurs, est celle du gouvernement.

...Cette méthode, non point passive, mais habilement active, fructueuse en résultats, économe de vies humaines, c'est celle qui inspirera désormais les opérations de nos armées.

Nous pouvons en avoir la certitude, puisque le chef qui est aujourd'hui à leur tête s'est fait depuis longtemps le protagoniste de cette méthode, à une époque où il avait quelque mérite à comprendre et à dire ce qu'il a compris et ce qu'il a dit.

Après l'assaut de Carency, un des plus beaux succès offensifs de cette guerre, se refusant à s'illusionner davantage, il n'a pas craint de déclarer que l'infanterie est impuissante contre les retranchements non touchés par l'artillerie [1]. Défenseur de Verdun aux heures les plus critiques, il commandait en chef lors de la reprise de Vaux et de Douaumont; mais il n'a pas voulu *tirer de ces brillants faits d'armes des conséquences déme-*

---

1. Vérité connue depuis plus d'un siècle (Instructions de Carnot, de Napoléon,... etc.).

surées. L'armée est donc entre les mains d'un chef clair-voyant, résolu et sage.....

Ainsi M. Painlevé, de son côté, a-t-il affirmé que le général en chef de son choix ne voulait pas tirer des conséquences démesurées d'une bataille gagnée. Exploiter le succès, faire rendre aux sacrifices de ses troupes le maximum de résultats, c'est là une tentation à laquelle toujours résiste le général Pétain. Il en sera encore de même dans la deuxième quinzaine de juillet 1918, pendant la bataille du Tardenois. Mais heureusement alors, Foch sera là, investi du commandement suprême, libre d'appliquer les grands principes du Maître, si dédaignés de M. Painlevé ; — et le protagoniste de la méthode d'attente, le contempteur des exploitations victorieuses, sera subordonné au génie militaire qui sauvera la France et le monde. Il devra obéir et marcher...

Cependant, le grand état-major impérial, rapidement et exactement renseigné, n'ignorait pas que les paroles officielles de M. le Ministre de la guerre ne recélaient nul stratagème. Ces paroles, empreintes de sincérité touchante, exprimaient une doctrine de guerre étalée depuis plusieurs mois au grand jour et dont l'application était devenue une réalité de tous les instants. Aussi, rassuré sur toute éventualité d'une modification prochaine dans les directives françaises, certain de n'avoir, entre l'Oise et la Suisse, qu'à supporter de seules offensives locales et limitées — ainsi, au pis aller, de ne perdre que quelques positions de première ligne — Hindenburg n'hésita pas à enlever du front occidental un certain nombre de divisions et à les transporter en vitesse contre les Russes.

Le 16 juillet, les Allemands purent donc entamer une puissante contre-offensive, de Tarnopol au Dniester. A leur tour, les armées autrichiennes, étayées dès lors à leur gauche sur la direction de Lemberg, passèrent à la riposte sur la Lomnica, ressaisirent Halicz, puis, étendant leurs mouvements offensifs au long des Carpathes boisées, consommèrent la déroute d'armées décidément défaillantes. La Galicie et la Bukovine furent perdues, la Bessarabie et la Moldavie menacées d'invasion. Tous les frêles espoirs placés dans les soldats de la Révolution russe s'effondrèrent.

Un mois plus tard, la grande ville de Riga était prise, la Livonie pénétrée, le littoral de la Baltique saisi jusqu'au golfe de Finlande, Pétrograd menacé. Une paix rapide apparaissait comme leur unique chance de salut à des peuples décimés, affamés et ruinés ; et pour obtenir cette paix, ces peuples s'abandonnaient aux complices de l'Allemagne qui, sur la catastrophe de l'empire des Tsars, étendaient un voile de rêves...

Il n'est donc pas douteux que l'immobilité des armées françaises durant l'été de 1917 n'ait été la cause première des événements suprêmes au cours desquels la défection russe s'accomplit. Et cette même immobilité pendant l'automne suivant rendit possible le désastre dont furent frappées les armées italiennes. La XIVᵉ armée allemande, commandée par von Below, représenta en effet la force motrice qui, seule, entraîna à la victoire les troupes peu mordantes de la monarchie austro-hongroise. La preuve de cette assertion est rapportée par ce fait que, les divisions allemandes sitôt retirées de Vénétie et des bords de la Piave qu'elles avaient atteints, la vague d'invasion expira.

Lorsque l'année 1917, la quatrième de la guerre, disparut dans le passé, l'appréhension était au comble dans un monde qui commençait à se demander si tant d'efforts, tant d'héroïsmes n'aboutiraient qu'à rendre plus éclatant et plus total un triomphe germanique.

De la Baltique à l'Adriatique, toutes les puissances alliées entrées dans la grande lutte étaient abattues, conquises ou vaincues au point de ne plus songer qu'à la seule défensive. Le maréchal von Hindenburg était libre de porter en France la plus grande partie de ses divisions éparses au front oriental, de ressaisir une supériorité numérique qu'il renforcerait encore par la manœuvre, de frapper les armées anglo-françaises de coups décisifs dès les premiers jours du printemps. Une seule et faible lueur éclairait un horizon chargé de nuages, au fond duquel commençaient à se profiler les silhouettes des jeunes soldats américains.

* *

A l'aurore de l'année 1918, d'éloquents et lointains discours, portés sur les ondes aériennes, passèrent l'Atlantique. Ils renouvelaient les espérances qu'au travers des siècles nourrirent tant de généreux esprits et qui, dans l'infirme nature des peuples divisés, ne furent jamais réalisées. Cependant les heures demeuraient tragiques, parmi la brutalité de circonstances que ne pouvaient changer ni des attitudes ni des paroles, mais des actes. De toutes parts, l'ennemi massait des bataillons et des batteries pour les lancer contre la façade anglo-française au delà de laquelle il comptait non célébrer la paix, mais la dicter.

On attendait, — sans plan défensif, sans conception offensive, surtout sans unité de commandement. Car, depuis les événements du précédent printemps, le gouvernement de Londres avait rendu à sir Douglas Haig sa liberté stratégique. L'unité de direction, remise au général Nivelle, n'avait plus été maintenue aux mains du général Pétain. L'orgueil britannique avait bien consenti à subordonner un maréchal anglais à un général français; mais il s'était refusé ensuite à admettre cette subordination, du jour où il avait acquis la certitude que le Généralissime français, privé de toute liberté, devait lui-même obéissance étroite à des politiciens. Et ce fut là une conséquence tellement grave des manœuvres intérieures de M. Painlevé que le désastre du 21 mars fatalement en découlera. L'ennemi frappera aux deux côtés de la cloison étanche élevée entre les deux commandements des armées alliées accolées.

Pendant le mois de février on attendit. Puis mars vint, et l'on continua à attendre. Même en haut lieu on émit des doutes sur l'imminence de l'offensive allemande ; un agencement de sophismes tendit à supposer née chez nos adversaires une opportune mentalité défensive [1].

Cependant les indices probants, non seulement de cette offensive, mais encore du plan auquel elle obéirait, se précisaient de plus en plus. Devant l'aile droite britannique, c'est-à-dire entre Saint-Quentin et l'Oise, une nouvelle armée commandée par von Hutier, le vainqueur de Riga, s'était intercalée.

Le 18 mars, d'après des renseignements particuliers, nous écrivions dans *le Matin* :

« Nos Alliés, particulièrement entre la Scarpe et l'Oise, sont en présence de nombreuses troupes d'assaut, en même temps que d'une artillerie de plus en plus renforcée, descendue en partie des secteurs plus septentrionaux. Plusieurs biefs du canal de l'Escaut ont été vidés par l'ennemi, en vue de l'installation de ponts multiples ; et, pour

---

1. Voir un article paru dans l'*Illustration* du 2 février 1918, sous la signature de X.X. : La question de l'Offensive.

les facilités de semblables constructions, le niveau de l'Oise a été de même abaissé par la levée des barrages.

« Ces indices, on le conçoit, ne sont pas négligeables. »

Ils restèrent tels, cependant, pour ceux qui étaient en mesure d'en recueillir bien d'autres, puisque le 21 mars, la ruée germanique se produisit exactement entre la Scarpe et l'Oise, et que les 14 divisions de la Ve armée britannique, non soutenues, furent écrasées sous la masse des 40 divisions de von Hutier.

Au lieu de couvrir la route directe de Paris, à proximité de cette soudure des armées alliées d'autant plus dangereuse que, contrairement à toute règle militaire, elle était fixée aux abords d'une rivière perpendiculaire au front, — au lieu d'être mises en mesure de pouvoir être portées rapidement d'une position centrale à l'une ou l'autre aile, les réserves françaises étaient restées, pour la plupart, stationnées au repos dans les régions de l'Est. Or, l'on doit noter qu'une surprise aux extrémités du front général eût entraîné des risques peu graves en comparaison de ceux qui, selon les prévisions élémentaires de la stratégie, pouvaient se présenter dans les secteurs de liaison des Alliés, à une moindre distance de la capitale.

On conçoit, dans ces conditions, la grandeur des tours de force que l'état-major français dut accomplir pour rétablir la situation, barrer les avenues vers Paris. La *maestria* n'est pas niable, dont alors fit preuve cet état-major, servi par l'héroïsme de nos cavaliers, de nos fantassins, jetés souvent dans la bataille sans artillerie. Mais, à la guerre, sur un terrain connu, dans une situation définie, les tours de force qui n'aboutissent qu'à une difficile parade ne démontrent pas la haute valeur de la pensée du chef responsable.

Et, le 26 mars, à Doullens, devant l'abîme entr'ouvert, — Paris dans quelques jours sous le proche canon allemand, les armées anglaises acculées à la mer, — un grand conseil est tenu entre les ministres anglais et français. Foch et Pétain sont là, penchés sur une carte. Ils discutent à voix basse ; puis, tout à coup, la voix de Foch s'élève, métallique, impérative : « Pas question de ça... pas possible ! — On les arrêtera... Donnez l'ordre... On ne recule plus. »

De quoi était-il donc question entre le Chef d'État-Major général et le Généralissime ? Celui-ci ne préconisait-il pas un vaste raccourcissement du front, l'abandon du nord de la France, l'alignement sur la Somme des armées britanniques, le retrait de l'armée belge dans un camp retranché isolé, entre Calais et Dunkerque ?..... Mais Foch répétait : « On les arrêtera où ils sont ; — ils ne passeront pas, je le garantis. » Heureusement pour la France, pour le monde, le magnifique soldat des Flandres était là, toujours maître de son lucide cerveau, de son âme d'airain, toujours sûr de son génie, comme de la valeur de ses soldats.

Quelques instants plus tard, après un court entretien des chefs des gouvernements alliés, le général Foch était chargé de coordonner les efforts des armées franco-britanniques. L'accord était signé au crayon sur un papier volant qui est, qu'on n'en doute pas, le premier feuillet du livre immortel de la Victoire.

*
* *

Néanmoins, les épreuves étaient loin d'être closes. Grâce à l'indiscutable supériorité numérique qu'on lui avait laissé le loisir de s'assurer, l'ennemi, par bonds espacés, poursuivait sa ruée formidable ; et la néfaste méthode, appliquée depuis une année, allait, en procurant à la France une dernière défaite, permettre de croire que s'accompliraient de terribles destins.

L'unique opération offensive sérieuse, engagée par le général Pétain depuis sa prise de commandement, avait constitué ce qui fut appelé la bataille de la Malmaison, opération tactique conduite le 23 octobre 1917, dans les limites assignées, aux crêtes dominant l'Ailette. Seul, l'élan de nos soldats les avait portés, jusqu'aux bords de la petite rivière, au delà de laquelle les Allemands s'étaient rétablis aux massifs du Laonnois.

Toutes les voix inspirées proclamèrent alors la bataille de la Malmaison une victoire considé rable, parce que la maîtrise totale de l'escarpe du Chemin des Dames nous assurait dorénavant, avec une position imprenable, une énorme économie de forces dans un secteur où jusqu'alors nous avions dû soit accumuler des divisions, soit répéter d'incessantes relèves. Et, à force de répandre cette assertion discutable, on avait fini par nourrir une foi absolue en son exactitude. On ne se rendait pas compte qu'ainsi on revenait à une théorie si souvent condamnée, celle de la confiance intrinsèque en une position défensive naturelle.

Aussi, imbu d'une telle idée préconçue, l'état-major français, dans l'attente d'une nouvelle ruée allemande, n'envisagea-t-il pas un seul instant l'hypothèse que le Chemin des Dames pût être l'objectif de cette ruée. Il fit face, dans ses préparations, à toutes les éventualités, excepté à celle-là.

Ce qui advint n'est pas à rappeler. Une année de la méthode, inaugurée en mai 1917, aboutissait à une effroyable récolte de vies humaines, de ruines et d'angoisses. La France, durant six semaines, sembla glisser sur la pente du désastre irréparable.

Sur cette pente, la main énergique de Foch l'arrêta. Investi enfin, non plus d'une vague direction coordonnatrice, mais bien d'un commandement effectif et total, celui qui sera bientôt maréchal de France, appliquera avant tout cette capitale maxime napoléonienne qu'à la guerre il n'y a qu'un moment favorable et que le grand talent est de le bien saisir. De la brusque victoire de Mangin et de Degoutte, succédant instantanément, le 18 juillet, à la défensive magistrale de Gouraud, découlera l'immense bataille ininterrompue de quatre mois, qui dans la variété des combinaisons et la sûreté des décisions, déroulera ses phases multiples de la mer du Nord à la Meuse ; — bataille absolue, dont le but final, semblable à celui d'Iéna, sera dans la dislocation des forces militaires adverses, pour atteindre à leur destruction. Car quelles que soient, dans le temps et l'espace, l'ampleur et l'intensité des chocs humains, la victoire d'une armée sur une armée, d'un peuple sur un peuple, demeure régie par d'immanents principes.

CE QUI EUT PU ÊTRE. — Certes, il serait puéril de prétendre, après coup, refaire une bataille. Tant d'éléments complexes entrent dans le succès que toute ultérieure affirmation devient singulièrement audacieuse. Cependant, d'une situation générale, des chances apparaissent ; et si, selon le calcul de Napoléon, 70 % d'entre elles sont en faveur de la victoire, celle-ci doit être recherchée. A plus forte raison, si déjà elle se prépare, cette victoire doit-elle être poussée jusqu'à ses ultimes conséquences.

La bataille livrée le 16 avril sur l'Aisne n'avait pas résolu la rupture du front ennemi dans le secteur d'attaque. Mais, dans la guerre actuelle, une ou même plusieurs journées ne sont vraiment qu'un « moment » de la bataille. Des jours maintenant représentent à peine des heures sur les champs d'autrefois. Et le combat sur l'Aisne n'était lui-même qu'un épisode initial ou local dans une offensive qui, d'une part, devait s'étendre aux deux côtés de Reims, et, d'autre part, ne formait qu'une partie dans une vaste manœuvre. En fait, il n'y avait qu'une bataille, du nord de Lens à l'est de Reims, — bataille d'ailes avec un centre provisoirement immobile. Or, de ce que les premiers engagements n'eussent pas produit l'intégralité des résultats escomptés, une semblable bataille devait-elle être suspendue, dans l'aveu inconsidéré d'un échec, et dans la faillite de toutes les hautes raisons qui avaient présidé aux résolutions dernières ? Soutenir semblable opinion, c'est nier les enseignements de l'histoire ; c'est entretenir, chez les chefs et les soldats, une timidité exclusive des énergies nécessaires ; c'est marcher à l'ennemi aux côtés du spectre de la défaite. L'hécatombe de la garde prussienne, le 18 août 1870, devant Sainte-Marie-aux-Chênes, a-t-elle fait suspendre le mouvement débordant du corps saxon ? C'est toujours la même sentence : « Est d'abord vaincu celui qui croit l'être. »

La rupture brusque, manquée sur l'Aisne, ne pouvait-elle être obtenue, dans l'un des « moments » suivants, en un autre secteur du champ de bataille ? — Nul ne peut répondre à cette question de manière absolue ; mais, on a le droit d'affirmer que la bataille de rupture pouvait tout au moins être transformée en une bataille d'usure, dont le stade ultime, quoique indéterminé, eût été celui de la rupture, puis de l'effondrement au moins partiel de la défensive allemande. 70 % des chances concouraient au succès ; — un an plus tard, Foch ne disposera pas d'un nombre supérieur dans la longue bataille qui, d'un lent refoulement stratégique, tout entière fut d'usure. Il ne peut sans doute y en avoir d'autres en des guerres de peuples où se heurtent des masses infinies.

Mais, dira-t-on, ni le général Nivelle, ni le général Pétain, ne disposaient en 1917 des armées américaines. N'était-il donc pas sage d'attendre tout ou partie des deux millions d'hommes qui, en huit mois, passèrent l'Atlantique ?

C'est là un argument spécieux qui s'appuie sur le sophisme complaisant de la complicité du temps. En effet, si, d'une part, les forces des États-Unis devaient un jour entrer en ligne, d'autre part, il était certain, selon la prédiction du maréchal Haig, qu'avant peu, l'Allemagne, libérée de son front oriental, serait en mesure de concentrer contre l'Occident la totalité de ses moyens. Les divisions d'Hindenburg, ramenées de Russie ou préparées à l'intérieur de l'Empire, arriveraient-elles aux champs de bataille avant celles de Pershing ? Tout inclinait à le faire croire ; et, en effet, il en fut ainsi.

Au printemps de 1918, les armées allemandes de Belgique et de France compteront 212 divisions, au lieu de 156, identifiées au cours de l'été entier de 1917.

Les unités américaines, débarquées sans artillerie, au surplus ignorantes de la guerre, ne constitueront donc que le contre-poids nécessaire et progressif des unités allemandes de renforcement. De mars à juillet l'ennemi gardera la supériorité du nombre, et la balance des forces ne penchera réellement en faveur des Alliés que pendant les dernières semaines de la guerre.

Or, répétons-le, en 1917, les Alliés encadraient de la mer du Nord à la Suisse, 1.800.000 rationnaires de plus que leurs adversaires, toujours accrochés de la Baltique à la mer Noire. Dans ces conditions, la victoire ne pouvait-elle être remportée contre 156 divisions, comme elle le fut, plus tard, avec l'aide américaine, contre 212 ?

Et qu'à l'appui d'une réponse négative, il ne soit pas fait état de l'affaiblissement moral de l'Allemagne en 1918. Cet affaiblissement était à son comble lorsque le général Nivelle dut suspendre son offensive. Le rejet hautain par les Alliés d'offres récentes de paix avait profondément inquiété un peuple accablé de misères et qui, par la victoire sur la Roumanie, avait cru atteindre le terme de ses maux et de ses sacrifices. Des grèves se succédaient ; des manifestations tumultueuses révélaient le mécontentement général. Les premiers communiqués relatifs à la bataille de l'Aisne accusaient la gravité à la fois de la situation et des préoccupations. Ils étaient rédigés d'un style inusité. On y parlait « des difficultés de la situation sur le front, de la lutte de vie ou de mort, pour être ou ne pas être, de la nécessité de patienter à l'intérieur, de travailler pour l'armée, qui, sans cette aide, ne pourrait empêcher l'Allemagne d'être envahie à son tour et de subir le traitement infligé aux provinces françaises récemment évacuées... ». L'agence Wolff amplifiait cette note pessimiste. La Germanie tout entière était étreinte par l'angoisse, — de multiples témoignages l'établissent ; et un immense soupir de soulagement fut exhalé par elle à l'annonce de l'arrêt de l'offensive française.

Bien différente, l'année suivante, se présenta l'âme allemande. Rassérénée par les paix triomphales imposées à Brest-Litovsk et à Bucarest, par le désastre infligé à l'Italie, confiante dans sa force intégralement concentrée vers l'Ouest, impresisonnée par le sentiment de son irrésistible puissance, à la vue de Paris placé sous les projectiles de canons la veille incroyables et de géantes torpilles aériennes, l'Allemagne ne cessa plus de garder sa foi intacte dans le succès final. Quatre mois d'opérations heureuses la fortifièrent dans son invincible croyance. Celle-ci ne disparut qu'après une foudroyante stupeur, d'où sortit d'ailleurs l'immédiat effondrement. Mais le maréchal Foch, en même temps qu'une imposante façade militaire, aura dû briser une armure morale restaurée.

A la fin d'avril 1917, après vingt jours de bataille anglaise et douze jours de bataille française, le maréchal Hindenburg ne disposait plus que de douze divisions en réserve. Sir Douglas Haig en a témoigné, et cette certitude explique à elle seule le désarroi du Commandement impérial comme l'épouvante de l'Allemagne. Si la bataille avait été continuée, — si, selon les plans arrêtés et à l'heure utile, elle avait reçu en Champagne son extension normale, — si la X⁰ armée, non encore engagée, avait été ensuite portée au feu, quels résultats n'eût-il pas été légitime d'escompter? Car, dans l'impossibilité où se serait trouvé l'ennemi de faire appel à des réserves nouvelles, c'était pour lui bientôt la retraite, avec toutes ses inéluctables conséquences.

La grande manœuvre de 1918 se déroulait un an plus tôt, semblable à elle-même : marche française du sud au nord vers l'axe de Sambre-et-Meuse; marche britannique de l'ouest à l'est, d'Artois et de Picardie vers l'Escaut et la Sambre; offensive débordante en Flandre, toute prête, et que, dans son isolement, Sir Douglas Haig lancera sans espoir.

La bataille de la Libération pouvait être gagnée bien avant le jour néfaste où se consomma la défection russe ; ainsi devait-elle être livrée. Tel sera le sévère jugement de l'impartiale Histoire.

Cependant, qu'on n'objecte pas encore les pertes subies — 15.000 tués — et celles à subir. Il y a des cas, a écrit Napoléon, où dépenser des hommes c'est économiser le sang. De quelque terrible prix qu'eussent été payés les sacrifices de la victoire en 1917, combien faible eût été ce prix à côté de l'effroyable addition des pertes accumulées par une stérile défensive de dix mois, par trois défaites, ensuite par la formidable bataille offensive engagée aux confins de la banlieue parisienne et aux portes d'Amiens !

Mais, hasarderont encore les défenseurs obstinés de la méthode d'attente qui nous coûte si cher, la victoire au printemps de 1917 n'était-elle pas utopique, puisque nous ne possédions pas encore les légers chars d'assaut, destructeurs futurs de mitrailleuses et de fils barbelés. Singulière erreur qui fait dépendre le succès d'un seul instrument parmi tant de moyens modernes de destruction. Certes, le char d'assaut a rendu d'éminents services, économisé de nombreuses vies ; pourtant, il n'a joué aucun rôle dans les offensives allemandes de rupture du 21 mars, du 9 avril et du 27 mai. Hindenburg et Ludendorff ont enfoncé les lignes anglaises, portugaises et françaises par le seul jeu de l'artillerie, de l'infanterie, de la mitrailleuse. Pourquoi les Alliés, en 1917, avec le concours d'ailleurs des premiers et lourds chars d'assaut judicieusement employés, n'auraient-ils pas atteint à des résultats semblables ? Non ! ce qui alors leur manqua uniquement, ce fut, du côté du Gouvernement français, la résolution farouche d'énergie créatrice.

*
* *

Supposons maintenant une 'telle résolution mise en œuvre, et couronnée de succès. Quel tableau différent eût offert la Victoire finale ? Sur quelles bases plus solides eût été assise la statue, toujours vacillante, de la paix générale ?

La Victoire en 1917, c'était d'abord, et sans conteste, plusieurs centaines de milliers de jeunes Français soustraits à la mort, cent ou cent cinquante milliards conservés à la richesse de la nation, des ruines incalculables évitées, qui couvrirent des provinces demeurées jusqu'alors intactes ; — c'était sans doute l'anarchie russe étouffée dans l'œuf, l'alliance orientale maintenue dans l'intégrité de l'ancien empire des tzars transformé en république ordonnée ; — c'était peut-être la monarchie des Habsbourg, si nécessaire, quoi qu'on en ait dit, pour l'équilibre du continent, restée debout dans le rajeunissement de son statut et l'autonomie de ses peuples divers. La « balkanisation » de l'Europe centrale, au nom d'une idéologie empoisonnée, — œuvre qu'au milieu des futures catastrophes inévitables, la postérité maudira, — n'aurait pas rencontré de terrain favorable à sa chaotique évolution. La question de l'Adriatique, grosse parmi tant d'autres, de conflits, n'aurait pas été posée, puisqu'elle aurait été résolue en faveur du vainqueur contre une puissance globalement abattue, mais non démembrée.

Par-dessus tout, la paix, la paix féconde et glorieuse eût été dictée par les ouvriers de toute la guerre, non par ceux de la Onzième heure, venus des extrémités du monde, ignorants des vrais intérêts de cette vieille taupinière qui s'appelle l'Europe. La paix, quelle qu'elle fût, eût été conclue d'Européens à Européens, à l'ancienne mode, celle de nos aïeux, celle de nos Souverains, celle de la Convention, dans le seul but non d'appliquer d'irréalisables principes parmi la confusion des langues, mais d'assurer, avec sa sécurité, la grandeur de la Patrie. Sur terre, la paix eût été française, et sur mer anglaise ; ainsi eût-elle été le gage du repos de l'univers. La paix américaine, forgée dans les nuées, ne saurait établir que le calme, lourd d'électricité latente, qui, entre deux cyclones, pèse sur une terre inquiète.....

Donc, l'ingérence, dans les plus graves opérations militaires, du gouvernement de M. Ribot et de son ministre de la guerre M. Painlevé, puis la méthode d'attente du général Pétain ont changé la destinée du monde, telle elle commençait à se graver aux tables de l'Histoire. Celle-ci, en ses études approfondies, fixera l'exacte valeur de responsabilités éparses, dont l'esquisse a été ici ébauchée dans la seule impartialité du jugement réfléchi, étayé

pourtant de documents irréfutables. Car, pour
être respectée par les peuples dont elle prétend
régler l'avenir, la Justice d'abord doit luire sur les
hommes, départager leurs rôles, prononcer sur leurs
actes, à la lumière éclatante des faits.

Mai 1919.

ANNEXES

BATAILLE DE L'AISNE

CANONS

Situation de l'artillerie sur le front du G. A. R., le 16 avril.

A noter que la proportion plus forte de canons de tous calibres, par rapport aux offensives antérieures, s'augmente encore du fait qu'il y avait une proportion beaucoup plus forte de canons lourds à tir rapide.

1° Répartition par calibre entre les Vᵉ et VIᵉ armées.

CALIBRES	VIᵉ	Vᵉ
A. L. Longue.		
95	32	64
100 T. R.	8	0
105 T. R.	0	8
105	44	96
120 L.	124	172
138,6	0	12
145	0	6
155 L.	112	240
155 L. S.	16	72
	336	670
A. L. Courte.		
120 C.	0	8
155 C.	92	84
155 C. S.	144	76
155 C. C.	120	36
155 C. T. R.	0	48
220	32	64
220 T. R.	8	16
270 S.	6	6
280	4	8
	406	346

CALIBRES	VI⁰	V⁰
A. C.		
65 M............................	16	8
75	792	816
90	38	36
	846	860
A. T.		
58	432	720
75 T............................	54	108
150 T............................	54	108
240 T............................	54	120
	594	1056
A. L. G. P.		
Canons longs.....................	47	59
Obusiers.........................	2	10
Mortiers.........................	32	22
	81	91

2° Récapitulation.

	VI⁰	V⁰	TOTAL
A. L. longue	336	670	1006
A. L. courte.............	406	346	752
A. C.....................	846	860	1706
A. T.....................	594	1056	1650
D. C. A	26	29	55
A. L. G. P	81	91	172
Soit, pour un front d'attaque de 40 kilomètres.....	15 km	25 km	moyenne
1 pièce A. L. longue par...	45 m.	37 m.5	40 m.
1 pièce A. L. courte par...	37 m.	72 m.	53 m.
1 pièce A. L. longue ou courte par...............	20 m.	24 m.	23 m.
1 pièce A. L. G. P. par....	185 m.	276 m.	230 m.
1 pièce A. L. longue ou courte ou A. L. G. P. par..	19 m.	22 m.	21 m.
1 pièce A. T. par.........	25 m.	24 m.	24 m.
1 pièce A. C. par.........	18 m.	24 m.	23 m.

ANNEXE 2.

BATAILLE DE L'AISNE

Premières dotations. — Les premières dotations (7 jours de feu) *étaient toutes livrées aux armées le 7 avril.*

G. A. N. : du 28 janvier au 10 mars, 4.639 wag. — G. A. R. : du 13 janvier au 31 mars, 12.358 wag. — IVe Armée : du 7 février au 7 avril, 7.229 wag. — A. L. G. P. : du 2 mars au 14 avril, 1.923 wag.

Total : 26.149 wagons (872 trains).

Cette première dotation a compris notamment : 1.098 lots de 75 (6.500.000 cartouches), 1.342.000 coups de 155 — 434.000 coups de 120 — 1.000.000 de bombes de tranchées et 170.000.000 de cartouches d'infanterie.

Allocations de remplacement. — Des allocations journalières de remplacement, destinées à faire face aux consommations préliminaires à la bataille et représentant au moins 1/3 de jour de feu sont expédiées aux armées dès le 5 avril :

G. A. R. : depuis le 5 avril : 460 wagons par jour ; IVe armée : depuis le 8 avril : 200 wagons par jour.

Allocations pendant la bataille. — Des allocations journalières variables avec les consommations ont été fournies à partir du 16 avril.

En moyenne : 400 wagons par jour au G. A. R.

200 wagons par jour à la IVe armée.

En outre, la VIe armée, passée au groupe d'armées du Nord le 22 avril, a reçu une dotation initiale supplémentaire de 900 wagons.

Grenades et artifices. — La livraison des dotations initiales était entièrement terminée le 13 avril.

Des ravitaillements ultérieurs ont été envoyés aux armées sur leurs demandes. Du 1er avril au 10 mai, il a été expédié environ 6.900.000 grenades à main ; 3.500.000 grenades à fusil et 3.500.000 artifices de signaux ou éclairants.

Le ravitaillement s'est effectué par les Parcs annexes de Formerie, Mitrey-Claye et Brienne, renforcés préalablement en personnel. Les munitions étaient expédiées sur les régulatrices avancées de Châlons et de Fère-en-Tardenois qui les dirigeaient sur les gares de ravitaillement. Fère-en-Tardenois a reçu et délivré jusqu'à 25 trains par jour.

PARCS

Les parcs furent renforcés en personnel et leur outillage fut augmenté.

L'outillage du parc d'équipage de Breuil fut constitué rapidement par des réquisitions de machines-outils à Reims.

Enfin, le grand parc no 23, destiné à desservir la Xe armée, fut transporté en attente dans la région de Château-Thierry et constitué en deux échelons dont l'un léger, comprenant des ateliers mobiles, devait rester au contact des troupes dans leur progression et recevoir de l'autre échelon les pièces mi-confectionnées qu'il n'aurait qu'à adapter au matériel à réparer.

MATÉRIEL D'ARTILLERIE

Dans le cours du dernier trimestre 1916, toutes les batteries de 75 avaient pu être reconstituées à 4 pièces.

Le remplacement de tous les tubes de 75 usés à plus de 6/10 de millimètre et de tous les freins fatigués fut effectué dans le cours du 1er trimestre 1917.

En même temps, les approvisionnements des grands parcs étaient renforcés de manière à satisfaire aux besoins pendant une durée suffisante pour permettre les arrivages de l'intérieur.

En outre, le parc-annexe du Bourget reçut, ainsi que le parc d'artillerie lourde de Fagnières, une réserve de matériel de 75 destinée à les recompléter en cas de besoins urgents et imprévus.

Une réserve de roues fut également constituée à Fagnières.

La dotation du Parc-Annexe de Noisy-le-Sec fut renforcée de manière à pouvoir satisfaire, pendant plus de 15 jours, aux besoins considérables prévus, sans ravitaillement de l'intérieur.

ARMEMENT DE L'INFANTERIE

Mitrailleuses. — La dotation des unités en mitrailleuses (8 pièces par bataillon) était achevée.

En vue de hâter le remplacement du matériel perdu ou détruit, il avait été constitué aux centres des armes automatiques des IIIe, V^e, VIe et IVe armées, un approvisionnement de précaution de 60 mitrailleuses 1907, 15 mitrailleuses Hotchkiss.

Fusils mitrailleurs. — La première dotation (8 fusils par compagnie) était achevée. La deuxième dotation (affectation de 8 fusils supplémentaires pour donner à chaque compagnie 16 fusils) était en cours de réalisation.

D'après les dispositions arrêtées, cette deuxième dotation devait être donnée :

d'abord aux divisions constituant l'armée d'exploitation ;

puis aux divisions occupant un front défensif ;

enfin aux divisions des armées d'attaque.

Au 16 avril, cette dotation était achevée pour les divisions de l'armée d'exploitation et pour celles des fronts défensifs. Elle était en cours de réalisation pour les armées d'attaque.

En vue de hâter le remplacement du matériel perdu ou détruit, il avait été constitué aux centres des armes automatiques des IIIe, IVe, V^e et VIe armées, un approvisionnement de précaution de 200 fusils mitrailleurs.

Fusils automatiques. — Par suite de retards dans la fabrication, le fusil automatique commençait à peine à être distribué. Les centres d'instruction seuls en possédaient.

Il n'a pas été utilisé dans l'offensive du 16 avril.

ANNEXE 4.

EMPLOI DU TEMPS DU GÉNÉRAL NIVELLE

DU 20 AVRIL AU 12 MAI.

Du 20 avril au 12 mai, le général Nivelle a dû passer 12 jours hors du grand Quartier Général, centre de tous les renseignements émanant des champs de bataille. Ces absences ont été motivées par la nécessité d'obtempérer à des convocations impératives du ministre de la guerre.

20 avril : Convocation à Paris dès le matin ; conférence avec M. Lloyd George, — rentrée à Compiègne dans la nuit.

23 avril : Voyage au G. A. R., nécessité par le message téléphoné de l'Élysée du même jour.

25 avril : Convocation à l'Élysée (affaire de Brimont).

26 avril : Voyage à la V° armée pour enquête sur l'affaire de Brimont.

27 avril : Suite de l'enquête.

28 avril : Rappel à Paris.

30 avril : Deuxième voyage pour enquête sur l'affaire de Brimont.

3 mai : Convocation à Paris.

4 mai : Conférence à Paris avec le Gouvernement anglais.

10 mai : Appel à Paris chez le ministre.

11 mai : Rappel à Paris.

PERTES DU 16 AU 25 AVRIL 1917

ARMÉES	TUÉS	BLESSÉS	DISPARUS	TOTAL	OBSERVATIONS
IV⁰ armée	3.157	10.723	3.109	16.989	Y compris : Russes 5183, Sénégalais 7397, tués, blessés ou disparus
V⁰ armée	6.907	29.238	11.726	47.871	
VI⁰ armée	4.905	17.767	5.357	28.029	
X⁰ armée	586	2.200	270	3.056	
Artillerie d'assaut	34	108	38	180	
	15.589	60.036	20.500	96.125	

Nota : De ce tableau, il résulte que les pertes de beaucoup les plus fortes ont été supportées non par la VI⁰ armée du général Mangin, mais par la V⁰ armée du général Mazel. — On remarquera de plus qu'à la date du 25 avril la X⁰ armée était restée presque intacte.

TABLE DES MATIÈRES

MACON, PROTAT FRÈRES, IMPRIMEURS

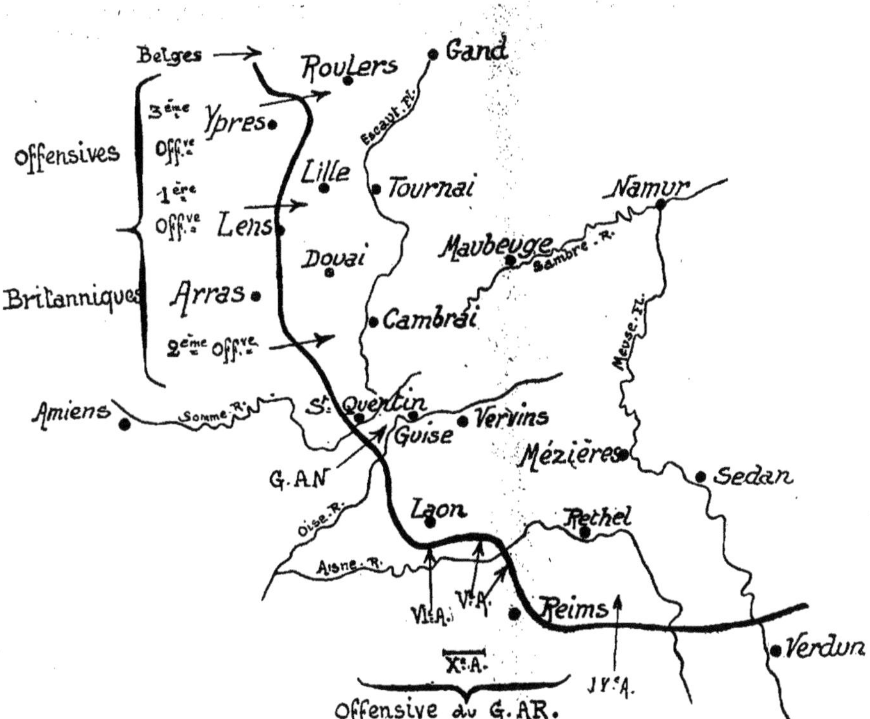

Plan Général de L'Offensive de 1917